JN016348

音楽で世界を変える

よりよい世界をかたちづくる
ティーチング・アーティストと
その役割

Eric Booth
エリック・ブース
久保田慶一 [監修・訳]
大島路子・大類朋美 [訳]

♪

Making Change

Teaching Artists and Their Role in Shaping a Better World

Stylenote

MAKING CHANGE: Teaching Artists and Their Role in Shaping a Better World
by Eric Booth
©2023 Eric Booth

Japanese translation rights arranged with the author
through Tuttle-Mori Agency, Inc., Tokyo

あらゆる国に何万人もいるティーチング・アーティストは、美しくもあり混沌としたこの世界で、アーティストリを活性化させるために、努力と創造のエネルギーを注いできました。

　私の人生とこの本はそんな彼ら・彼女たちに捧げたいと思います。

本書の翻訳語について

　これから本書を読んでいただくにあたって、監修・訳者より、翻訳語について少し説明しておきます。当然のことですが、原書には art に関連するさまざまな言葉が現れます。この言葉を日本語でどのように翻訳するのかは難しい課題です。結論として、art（s）＝アート（アーツ）のようにカタカナ語で表記することにしました。「技術」、「技芸」、「学科」、複数形にして「芸術」という言葉も考えられますが、どれもアートをうまく表現した言葉ではないように思われます。

　英語の art はラテン語の ars に由来します（複数形は artes）。実はこの ars もギリシャ語の techne の翻訳語でした。この techne から英語のテクノロジー technology が派生したように、ars ももともとは「技術」や「技芸」を意味していたのです。さらに ars の対立語が英語の nature にあたる natura、つまり「自然」という言葉であることを考えれば、ars の意味もさらに理解しやすくなるのかもしれません。つまり、人間が自然のあらゆるもの（例えば、木、石、音、人や動物など）に働きかける「技術」や「技芸」が ars なのです。art の形容詞である artificial は「人工の」という意味です。artificial tooth は「義歯、入歯」、artificial foot は「義足」です。

　本書で使用する原語とカタカナ語は、以下の通りです。

> art ＝アート
> arts ＝アーツ　（アートの複数形）
> artist ＝アーティスト
> artistry ＝アーティストリ
> teaching artist ＝ティーチング・アーティスト
> teaching artistry ＝ティーチング・アーティストリ

　ここで少し馴染みのないアーティストリ artistry について説明しておきます。語源的には artist に接尾辞 -ry がついたものですが、ケミスト chemist

（化学者）とケミストリ chemistry（化学、化学的な現象や作用）の関係と比べてみると、その意味がよくわかるのかもしれません。つまり、アーティストリは「アーティストの仕事や技能」の意味になります。ティーチング・アーティストリは「ティーチング・アーティストの仕事や技能」と理解すればいいでしょう。

　最後に、第2部では「リチュアル」という言葉が使われています。元の言葉は ritual で宗教的な儀式を意味します。しかしここでは、「儀式のように毎日決まったやり方」を指しています。さしずめ「小さな行動の繰り返し」といった意味でしょう。しかし「儀式のように」という意味合いを残すために、本書では「リチュアル」とカタカナ表記にしてあります。

以上

本書を推薦する言葉

「ティーチング・アーティストはアーツの力を増幅させます。範囲を広げます。すべての人を巻き込みます。それを美でもって行います。その方法をこの感動的な本で発見するでしょう。こうしたストーリーを共有できる人は、エリック・ブース以外にいません。」

—— クリーヴ・ギリンソン：カーネギーホール　エグゼクティブ・アートディレクター

「この本は魅力的な本です！　多くの人がこの美しく仕上げられたこの本を読んで、世界がもっと優しく、もっと平和で包摂的であることを、アートが再考させてくれることを、わかってくださることを希望しています。」

—— サンギータ・イスヴァリン
：Wind Dancers Trust 創立者、Katradi Method: Arts for Conflict Resolution 共同創立者、インド

「ティーチング・アーティストとは何でしょうか？　多くの人にとって、このコンセプトはわかりにくく、親しみやすくありません。エリック・ブースはレーザー光線のような正確さで、微妙なニュアンスを驚くほど、うまく説明してくれました。世界中のティーチング・アーティストが、このすばらしく有益で、刺激的な本に感謝するでしょう。このテーマははじめてという読者は、ティーチング・アーティストリの熱く燃える最前線から伝えられた物語に魅了され、啓発されるでしょう。」

—— ジェイミー・バーンスタイン：作家で『Famous Father Girl』の作者。映画制作者で
『Crescendo: The Power of Music』の制作者。音楽家レナード・バーンスタインの長女。

「エリック・ブースが理解しているような、最も深い意味でのアーティストリは、人の企てを前進させる力をもっています。この簡潔ながら強力なマニフェストに含まれる洞察とノウハウの明解さから、すべての親、指導者、教師、療法士が有益な何かを得ることでしょう。」

—— ジョン・ツワイク：「Neuro-Insight」の議長、Foundation for Art and Healing の創設者。

「私たち全員がもっている好奇心、遊び心、創造性の内的感性を活性化させるとき、何が可能になるのかという感覚を、エリック・ブースは広げてくれます。教えることや学ぶことがどうあるべきかを、多くの人が再考するというこの歴史的瞬間に、エリックの得難い叡智が、明るく創造性豊かな未来の導き手となるでしょう。」

——ストゥ・ウォーシャワー：「アーティスト・イヤー」のCEO。

「この本は社会におけるアーティストの役割を再考する必要性を訴え、いかにアーティストが治療者、教育者、アドヴォケイタ（宣伝人）になりうるかを、説明しています。もし私たちが社会の変革のためにアーティストが使用する、クリエイティブな方法を発見できれば、世界をよりよい場所にするための、新しい解決方法も見つけられることを、エリック・ブースは私たちに教えてくれています。」

——カルラ・ディルリコフ・キャナリス
：「ハーバード・ケネディー・スクール、パブリック・リーダーシップ・ソーシャル・イノベーション＋チェインジ・イニシアティヴ」のフェロー（2022-23）。

「ITAC（International Teaching Artist Collaborative）は世界中の組織にとって、信じられないほど便利なリソースになっています。私たちが音楽で変化を起こそうとするときに、私たちの道を照らしてくれるのです。」

——エリザベス・ニョロヘ：Art of Music Foundation（ナイロビ）の設立者。

エリック・ブースの他の著書を推薦する言葉

『The Everyday Work of Art』
「この本は、私たちがとりくむ人生の不可思議さについて深く、洞察していて、日常生活の中に非・日常的なことを感じることの重要性について、教えています。」

—ヨーヨー・マ：チェリスト

「この本はとても重要です。私たちが忘れていたり、無視したりしまっている方向に、私たちを導き、人間の精神の成長と健康にとってアーツが必要であることを、思い出させてくれるからです。」

—マダレイン・メングル：作家

『The Music Teaching Artist's Bible』
(邦訳:「ティーチング・アーティスト：音楽の世界に導く職業」)
「私たちの仕事がうまくいく方法を示してくれたことを、エリック・ブースに感謝します。そして、聴衆をより深く音楽の内部に引き込む、実践的で楽しく、満足できる方法を、私たち音楽家に示してくれたこの本に、感謝します。」

—ボビー・マクフェラン：音楽家

「この本は、パーフォミング・アーツの世界で最も待ち望まれた本である。演奏のみならず教育もしたいと思っているアーティスト、コミュニケーションの仕方を知っているアーティストを参加させたいと思っているコンサート企画者や教育者、アーティストに触発されてただ単に生活を変えたいと思っている、老若男女問わない聴衆にとって、待望の本である。「聖書」がついに完成したのです。優れた教師でありアーティストである人が、これを書いてくれたのです。」

—ケネス・C.フィッシャー：ミシガン大学：ミシガン大学音楽協会会長

「この本は、タイムリーでとても便利な本です。ティーチング・アーティストの役割が世界で大きくなりつつあります。ブースの本は、それをうまく活用する方法を示し、この急成長している職業の大切さを、はっきりと主張しています。」

——マリン・オルソップ：指揮者

『Playing for Their Lives』
「この本は、音楽を通して子どもたちの生活を変えることができるだけでなく…それがすでに世界的規模で行われていることを、教えてくれます。本書は、あらゆる場所にいる人々に、重要な呼びかけをしています。」

——クインシー・ジョーンズ：音楽プロデューサー

「アーツが人を成長させる力をもっている証拠を探し求める人ならだれでも、この重要な本を読むべきです。」

——ダニエル・H. ピンク：作家

「この本は、生活やコミュニティを変革する音楽の力を明らかにしています。この本はすべてのオーケストラ愛好家が読まなくてはなりませんが、しかしコミュニティを組織する人、学校経営者、世界を変えたいと思っている市民アーティストのすべての人が、読むべき本です。」

——ジョシュア・ベル：ヴァイオリニスト

目　次

イントロダクション

バングラデシュのロヒンギャ難民キャンプでは、バングラデシュの住人とロヒンギャ難民たちの間で緊張が高まっていました。アルトルーション・プログラム[1]［訳注：地域のアート・リーダーを育成することを目的にするNPO。本部はニューヨーク州ブルックリンにある］に参加したティーチング・アーティストは、難民たちとバングラデシュ人とが共同して、すべての人に共通する健康問題を生き生きと描いた、一連のカラフルで大きな壁画を、コミュニティ全体で制作するという共同制作プロジェクトを指導しました。緊張は著しく緩和され、地方政府も健康問題に対する政策を変更しました。

＊　　　＊

　シンシン刑務所はニューヨーク州にある厳重な警備で知られた刑務所で、刑期の最も長い男性受刑者1400人が収容されています。毎週、数十人の受刑者がひとつの部屋に集まり、カーネギーホールのティーチング・アーティストの指導によって、数時間ほど演奏をします——最近では35名が参加していますが、これまで楽器を手にしたことがあるという人は、ほとんどいません——。このプログラムに参加するには、長く順番待ちをしなくてはなりません。最初の数ケ月は、いっしょに演奏したり歌ったりしますが、一年もすると、受刑者で満員の刑務所内の施設で、オリジナルの作品を演奏したりします。カリキュラムはさまざまです。ティーチング・アーティストはひとりの作曲者の研究にまるまる一年を費やすこともしばしばで、特定のテーマに沿って曲を紹介します（デューク・エリントンの宗教音楽だったり、音楽における女性だったり、アフロフューチャリズム［訳注：アフリカ系のアーティストが掲げる、アフリカ文化の未来的な表現を追求する考え方。1992年に批評家のマーク・デリーによって提唱された］だったりと、年ごとに代わります）。グループのあるメンバーには、釈放された日に、カーネギーホールで自作品だけのイブニング・コンサートを開催したという人もいました。プログラムに参加して出所した人のなかで、「再犯」を犯した人はひとりもいません。

＊　　＊

　スウェーデンのヨーテボリは北海に面した、古くからの大きな港湾都市ですが、アフガニスタン、シリア、アルバニア、ソマリアなど混乱状況にある多くの国々から逃れてくる難民たちの、旅の終着地のひとつです。これら難民のなかには、家族もなくひとりきりで、不安や危険に満ちたおそろしい旅をしてやってきた子どもや10代の若者もいます。7年前のことですが、社会変革プログラムの一環として、コミュニティ音楽のティーチング・アーティストがこれら若者たちに楽器を与えて、グループ・レッスンをしました（時には食べ物や住まいも提供しました）。今日ではこのレッスンを受けた人たちが、ヨーテボリを本拠地にしている演奏ツアー団体、「ドリーム・オーケストラ」[2] の主要なメンバーなのです。

＊　　＊

　ブラジル・サンタ・カタリーナ州のサン・ノゼは、多くの港町と同じように、気候変動の被害に何度もあっています。増大する危機に多くの市民が失望し、分断されています。（プラトーン・カルチュラル[3] の地域ティーチング・アーティストによって考案された）「（不）可能学校」は、10週間、学校の9歳児のクラスを対象に開設され、この学校では子どもたちが2072年に生きている気候科学者の秘密諜報部員になります。そして科学者は子どもたちに（不）可能なミッションを与えるのです。そのミッションとは、「持続可能な解決方法で未来を書きかえる」というミッションです。ティーチング・アーティストは、みんなが夢中になれるミステリーを即興で創作して、子どもたちがヒントを集めたり、地域の環境を学んだり、注意深く記録して、課題を解決できるよう導きます。最後には、現在の状況とそれに対して何がしたいのかについて、自分たちの本を書きます。クライマックスは、（必ずしもいつも学校のイベントには参加しない）保護者と地域の指導者たちに対して、大人たちはこれらの課題について何をするつもりだったのかという、厳しい質問を子どもたちが投げかけるのです。子どもたちはサン・ノゼ

の環境教育家あるいは環境活動家になったのです。市長はこの「(不）可能学校」を町中の学校に広げるよう命じました。またスコットランドにもこのような学校がふたつ開設されています。

＊　　＊

　芸術が関わることで、解決がきわめて困難な課題も解決できるという、世界中に何千もある話のうち、たった４つだけを紹介しました。本書では、このような仕事をするティーチング・アーティストと呼ばれている芸術家たちの仕事を、紹介しようと思います。

図1：ブラジルのフロリアノポリスの「(不）可能学校」で、ティーチング・アーティストのサポートを得て発言する児童・生徒たち。自分たちに関係する環境問題について、大人たちがどうしたいかについて、児童・生徒が厳しい質問をするという、公開での最高潮のイベントの場面。写真：Platô Cultural Collection

第 1 部

アーティストリを活性化させる

すべての人がアーティストリをいっぱい持っています

　アーティストリを、どう呼んでもいいですし、否定したいならそれもよい
でしょう。しかし、私たちすべてがアーティストリを持っているのです。大
切にしているものを作る、すべての機会や場所で、この言葉は使われます。
特別な料理をつくるとき、素敵な会話をはじめるとき、重要なプレゼンテー
ションの最後の仕上げをするとき、子どもにお話をしてあげるとき、子ども
がお話を作るとき。もちろん交響曲や彫刻のアーティストリがありますし、
レンガ積みやパイ作りのアーティストリもあります。テニスのアートやオー
トバイ整備のアートについての本もあります。「メディカル・アーツ」とい
う言葉さえも使われます。

　だからどうだというのでしょうか？　私たちが住んでいる複雑でスピー
ディーでプラグマティック（実用主義的）な世界で、どうしてアーティスト
リが重要なのでしょうか。ゆっくりとこの本を読んでください。そうすれば
きっと、美だけでなく変革を創り出す、この古代から活用されてきた力と道
具を、理解できるでしょう。本書に登場する敬意を表する人たちは、この道
具の使い方を知っていて、それを盛んに活用することに喜びを感じ、こうす
ることでしばしば、派手ではないけれど顕著な効果をあげている、世界中で
アートの仕事をしている人たちなのです。

　「アーティストリ」というと、活力のないエリート主義のように聞こえる
でしょうか？　もしそうなら、次のような人たちに、たずねてみるといいか
もしれません。立派な大工さん、あるいは優れた外科医、看護師、アスリー
ト、セラピスト、教師、シェフ、庭師、ウェイターといった人たちです。自
分の仕事に熱中して創造的に関わっている人ならだれでも、彼ら・彼女たち
の成功のどこにアーティストリがあるのかを、教えてくれます。「能力（コ
ンピテンス）」と「卓越（エクセレンス）」あるいは「良い」と「すばらし
い」を分けるのが、アーティストリです。おそらくあなたは、クリエイティ
ビティ（創造力）、フロー経験、イノベーション能力といった、別の言葉を
好むかもしれません。しかしこれらは、ほとんど同じ意味です。アーティス
トリをどのように呼ぶにしても、これがうまく使えると、人生、仕事、愛、
そして大切なこと、すべてがうまくいくようになります。アーティストリを

もっているのではないかと思わせる動物もいます。ニワシドリさん、見られてますよ。しかしニワシドリのアーティストリは、人間のそれに比べると、随分と見劣りがします。

アーティストリは活力のないエリート主義ではありません。それは強くて筋肉質な働き手なのです。長年の厳しい訓練を通して「アーティスト」になったり、絵画や舞踏、音楽や演劇といった芸術分野で、今日すばらしい活動をしている、特別な人たちだけのものではありません。それは人間にとって普遍的な能力であり、人類が進歩するのに必要だったのです。3万年前に描かれた洞窟壁画や、紀元前3万3千年前の骨の簡素な笛が、最初のアートであることを、私たちは皆知っています。しかし、こうした美術や音楽のアートが長い旅をはじめる何十万年も前から、アーティストリは人類の発達を促す駆動力でした。狩り、道具の製作、住居作り、言語の発達、物語の伝承、そしておそらく配偶者選択など、私たち人類の最初期の時代から、あらゆる種類の企てにおいて、アーティストリはクリエイティブなイノベーションを推進してきたのです。

私たちの現代社会では、社会を発展させるアーティストリのパワーが「アーツ・フォー・ソーシャル・インパクト」あるいは「アーツ・フォー・ソーシャル・チェンジ」として、世界中に領域を広げるのです。しかしまだ道半ばです。おそらくこうしたフレーズや考え方のひとつぐらいなら、聞いたことはあるでしょう。今後活動を広げていこうとする芸術関連機関にとっては、それはマーケティングのキャッチフレーズでしょう。おそらく夢物語のように、聴こえるでしょうが。

ご存じかと思いますが、社会に影響を及ぼすアーツは実際に、将来性があって、世界中で成長しつつある運動ですし、その効果や人を成長させる潜在能力があることも、証明されています。しかしこのような疑問を持たれるでしょう。この仕事を実際にする専門家は、いったいどのような人たちなのだろうか？　と。

いずれにしても、あなたが今この本を読むことは、まちがっていません。

何かの目的のために人々のアーティストリを活性化させることに専心する、とっておきの職業があります。この職業の専門家なら、アーティストリ

を呼び起こす術を知っています。彼ら・彼女たちは、アーティストリから大切でポジティブな結果を導く術を知っているからです。

　人々のアーティストリの力を選別して導く術を知っている職業の人には、いくつかの名前がついています。ある領域ではこのようなスキルをもった人は「コミュニティ・アーティスト」あるいは「参加型アーティスト」と呼ばれています。また別の領域では、「ソーシャル・プラクティス・アーティスト」あるいは「市民アーティスト」あるいは「アート教育者」とも呼ばれています。アーティストがコミュニティにおいて常時活動している場所では、単にアーティストと呼ばれています。

　本書では、ティーチング・アーティストと呼びたいと思います。仕事をしている人は、呼び名に文句を言ったりはしません（一時期の私たちは文句を言っていたのですが、すでにこの呼び名は広く普及しました）。世界をよりよい場所にするための仕事の楽しさと力を、私たちは大切にしているのです。

　国や地域によって、どのような呼び方をされているかわかりませんが、すべての国でティーチング・アーティストを見かけます。彼ら・彼女たちは通常はおおっぴらに宣伝をして働くことはありませんが、生みだした善いことの全体に比べて、不当に低い賃金しか支払われていません。彼ら・彼女たちはコミュニティセンター、学校、美術館や劇場ホールといったアートの職場で働いています。また病院、企業、行政機関、刑務所で見かけることもあります。ちょっと時間をかければ、あらゆる市や町で、彼ら・彼女たちの姿を見つけることができるでしょう。

ティーチング・アーティストリの目的はなんでしょうか？

ティーチング・アーティストは、人々が内に秘めているアーティストリを活性化させて、多くの目標へと人々のエネルギーを導きます。本書の第2部では、ティーチング・アーティストが仕事に呼ばれたときに果たさなくてはならない、7つの主な目標を紹介します。ここではプレビューをしておきましょう。ティーチング・アーティストが呼ばれる目的には、以下のような7つの目標があります。

1. 個人や社会にとって貴重な能力を発達させる

世界中で行われている創造的活動を取り入れた若者育成プログラムでは、リーダーシップ・スキルを育成し、緊張を強いられ、これまで十分なサービスを受けていないコミュニティの若者が生きていくうえでの、選択肢を増やすことが求められます。クリエイティブ・エイジング、すなわち高齢者をアートのプロジェクトに引き込むことが、寿命を延ばす（そして医療費を抑制するという）積極的で、劇的な効果を生むことが証明されています。アメリカではこの部門でのティーチング・アーティストの雇用が最も目に見えて拡大しています。

2. コミュニティの生活を向上させる

コミュニティを祝福し、深刻な打撃を回避して、差し迫った問題を明確にするために、共同のアートメイキング——壁画制作、合唱、

図2：エル・システマジャパン　東日本大震災による津波によるトラウマ克服のために結成された、多世代の人たちによるコミュニティ・オーケストラ。前方右の男性がティーチング・アーティスト。写真：著者提供

行進（マルディ・グラ〔カーニバル〕）など――を利用してきた長い歴史が、これまでにあります。学校、仕事場、利益団体も、コミュニティです。

3. 政治的・社会的運動に影響を及ぼす

　社会の重大な問題に対する賛成か反対の態度を大衆に促すうえで、これまでも活動的なアーティストが大きな影響力を行使してきました。ティーチング・アーティストが目に見える変化をもたらすために呼ばれることが、しばしばあります。例えば、ITAC（International Teaching Artist Collaborative）[4]と他のNGOが世界中のティーチング・アーティストに向けて、環境危機を訴える創造的活動を取り入れたプロジェクトによって、コミュニティを活性化するよう呼びかけることもあります。社会的正義が、ティーチング・アーティストの世界観に埋め込まれているからです。文化や政治の現実を変革するという目標が、表立って表明されていないプロジェクトにおいても、そうなのです。すべてのティーチング・アーティストの仕事が、平和を求める公正さを保っているからです。彼ら・彼女たちが創造している仕事環境は、世界にもたらそうと努力しているコミュニティを、モデルにしています。それは、心からの敬意と感謝に満ちたコミュニティ、すなわち強く切望されるコミュニティなのです。

4. アーツに関係しない機関にとって重要な目標を達成する

　組織や機関は、次のような事実を理解しつつあります。それは、自分たちが取り組んでいる事業を遂行する際に、ティーチング・アーティストが助けになるということです。例えば、企業であればより多くのイノベーション、病院であればよりよい診断、政府機関であればよりよいコミュニケーション、コミュニティの発展ではあれば民衆のより強力な参加、安全な道路、争いのない刑務所、よりよい栄養状態、公共のゴミをより少なくといった取り組みです。アフリカのコミュニティのための社会発展プログラムでは、より安全なセックスの方法が演劇によって教えられ、それによってどれだけ多くの生命がエイズ・HIVパンデミックで救われたのかは測りしれません。国連の持続可能な開発目標（SDGs）[5]を速く推進したいと思いませんか？　ぜ

ひ、ティーチング・アーティストに投資してください。SDGs を達成するのに不可欠な IDGs（内的成長目標）［訳注：Inner Developmental Goals の訳。自己啓発や精神的な発達を目標としている］[6] を発達させる術を、ティーチング・アーティストは知っています。

5. アートメイキングのスキルの発達を深める

　芸術家養成プログラム、コンセルヴァトワール、大学の芸術学部は、ティーチング・アーティストのスキルが、将来のアーティストの理解とキャリアを拡大し、若者のエンプロイアビリティ（雇用される能力）をも高めることを、ますます認識するようになっています。

6. アーツ以外の学科の学びを増やす

　学校（や専門家養成課程）は学業成績と学習参加度を高めるために、アート・インテグレイティッド・プロジェクトを採用し、STEM プログラム（科学 Science、技術 Technology、工学 Engineering、数学 Mathematics）にもアーツの科目を加えているのです。

7. アート作品との出会いを豊かにする

　美術館と劇場ホールは、会場にいる観客の経験を深めたり、理解の範囲を広めたり、うわのそらの観客を興奮させ、そして、将来の観客を育ててくれるティーチング・アーティストに信頼を寄せています。

　こうした目標の範囲の広さからも、ティーチング・アーティストリにおいて、アートが幅広く受け入れられていることがわかります。アメリカやその他の西洋諸国では、「アートのためのアート」か「実践的目的のためのアート」かという、アートの目的について議論されてきました。ある陣営はアートが他のなにものにもできない方法で、生活を豊かにする力を称賛しているといいます。ヴァルター・ベンヤミン[7] は、これを「アートの神学」と呼びました。このように「アートに献身する人たち」は、アートが実践で使用されることで、弱められたり神聖さを奪われたりしないように、アートの力

を保護し、安全な場所を作り、高い価値を与えようとします。他方、別の陣営は、世界に積極的な変化をもたらす、顕著でしばしば独自の、アートの潜在力を認めています。世界はなにかしらの改善が必要だからというのも、同じく評価に値する理由です。決定的でしばしば独自の、アートの潜在力を認めています。世界がなにかしら改善されれば、等しいと考えてよい理由と言えます。「アートのためのアート」は、アートを経験したり創造したりするため、私たちの生活や文化にもたらされる内面的豊かさと関係します。これに対して「積極的な変化のためのアート」は、アーツが生産の道具になるために多くの利益と関係するのです。

　これらふたつの立場は、長い間、対立したままで固定化され、世論という法廷の場では、それぞれが将来の支持者に向けて、自らの優位を主張してきました。支持者たちは両方を重視しているので、ティーチング・アーティストが採用される目標においても、両方の立場を見ることになるわけです。しかし支持者たちは、「アートのためのアート」の方をずっと大切にしていきました。この立場の方がずっと大きな力、多くの資金、高い地位を保つことができたからです。私たちが「ハイカルチャー」と呼び、彼らのために立派な神殿を建造したとしても、決して驚きではありません。聴衆の入っていないコンサート・ホールに入ってみてください。そうすれば、ある種の神聖なオーラが、意図されているのを感じるでしょう。たいていの西洋のあるいは西洋の影響を受けた文化に埋め込まれた上下のヒエラルキーも、このような敬意から生まれ、財力と地位の階段の上に立つ「エリート」という名声も、そこから与えられているのです。日常世界の実践において、アート art はどこにでも存在しますが、大文字の「アート Art」になって、神殿や高額な資金を得ることはないのです。

　これは、二者択一の、つまり高級か低級かという「アート Art 対アート art」という、現実的には解決の難しい問題なのでしょうか？　決してそうではありません。2005 年のウォレス財団の重要な調査報告書のひとつ『ミューズの贈り物：アーツの利益に関する議論のリフレイミング』[8] などは、両方の影響力が重要で、社会は両方を求め、必要としていると認めています。人

類は常に両方を求め、必要としてきた
のです。またこの報告書では、ふたつ
の影響力の関係を明確にして、もし内
面性への入り口に入らずに通り過ぎれ
ば、道具としての利益しか得られない
と、結論づけられています。別の表現
をすれば、アーツがもたらす、より実

践的な（そして計測できる）利益に向かう扉を開くためには、人はなんらか
の方法で、自らのアーティストリを経験しなくてはならないと言えるでしょ
う。商業地域の経済的活力を改善するために、オペラのチケットを買う人は
いないのです。しかし、多くの人がオペラ劇場でアートの経験をして、それ
なりの利益が感じられれば、今度は友人を誘って来てくれるだろうし、地元
のレストランでディナーをとるだろうし、商業地域の経済に貢献するでしょ
う。アメリカ史を勉強する生徒が中間試験の点数を上げようと思って、フレ
デリック・ダグラス（1818-95）とエイブラハム・リンカーン（1809-65）が
会う場面をドラマにしようとは思わないでしょう［訳注：ダグラスは奴隷制度
廃止を唱えたアフリカ系アメリカ人の活動家。リンカーンは奴隷制を廃止した大
統領。ダグラスは黒人の奴隷として、リンカーンは白人の自由人として生まれた
が、共に奴隷制の廃止を訴えている。1865年の2期目の大統領就任の祝賀のパー
ティに、リンカーンはダグラスを招待した］。しかし、この出会いの重要さに心
打たれ、この場面をドラマにしようと思ったならば、アメリカ史の試験の点
数もおのずと上がるでしょう。近道はないのです。個人のアーティストリを
活性化させるという、煩雑で測定のできない仕事をしない（そして楽しまな
い）ままに、実践上の見返りを一足飛びに獲得することはできないのです。

　こここそが、ティーチング・アーティストが役に立つ場所なのです。誰で
あっても、すべての人のアーティストリを活性化させることができます。高
齢者施設の健康面での成果から、ブラームスの『交響曲第2番』のより深い
経験に至るまで、道具としても内面としても、考えられるあらゆる利益の扉
を開くことができるのです。

　20世紀の偉大な理論物理学者であるデイヴィット・ボーム（1917-92）［訳

注：理論物理学だけでなく、哲学や思想でも多くの人に影響を与えた］のアドバイスが、私の生活のガイドラインになっています。それは、ものごとが対立して見えるときは、常に両方に含まれる、より大きな真実を見なさいという言葉です。「アートのためのアート」か「社会的影響力のためのアート」かという、押し問答の背後にある、私とほかのティーチング・アーティストにとっての、より深い真実というのは、多くの目的のためにアートがあるということなのです。ふたつのアートの意図は同じ源から発しており、われわれの良き未来のためには、より深い所にある、その源を活用することが必要なのです。それこそが、ティーチング・アーティストの仕事なのです。

ティーチング・アーティストは
実際に何ができるのでしょうか？

　コロンビアの首都ボゴダでは、1990年代後半、交通事故による死亡者数が恐ろしく多くなっていました。交通警察は腐敗しており、いかなる解決策を講じても、結果はいつも同じでした。アンタナス・モクス市長はすべての警察官に対して、パントマイムの訓練を受けた者を再雇用すると提案して、奮起を促しました。そうして、パントマイムの訓練を受けてパントマイムの衣装をつけた警官が路上に立って、悪質な運転者をからかい、安全な運転手を喝采し、交通整理の実際の仕事を、コミカルに劇化したのです。その結果、交通事故による死亡者数は半減し、交通渋滞も著しく緩和され、町の交通文化が徐々に変化したのです。

　ティーチング・アーティストリの初期のアメリカでは、私たちは主に学校で活動していました。目標も生徒たちを力づけて、アートで貴重で魅力的な経験をしてもらうことでした。私たちはアートのためのアートに集中していましたが、パートナーである教室の教師によると、私たちの活動から得られる副産物の方に、自分たちは注目しているというのです。なんと、生徒たちは他の教科でもよく勉強するようになったのです。教室内のチームワークがうまくいくと、教室全体がハッピーになるのです。子どもたちは積極的に教科書を読むようになったのです。専門医への生活指導の照会も減少しました。

❖ティーチング・アーティストが
若者のアーティストリを活性化させると、
ポジティブな結果が得られるのです。

　こうした学校をベースにした活動が全米で展開されるにつれて、私たちもこの副産物に注目しはじめました。このような実践的な結果は戦略的に予想したり計測したりするのは難しいか

もしれませんが、波及効果は確かで、現実的に信頼に足るものであったわけです。学校でティーチング・アーティストが子どもたちと接している間の、彼ら・彼女たちの影響力はきわめて大きいものでした。しかも時間はそれほど長くないのに、利するところはとても多かったのです（とにかく私たちにより多くの時間を使わせてもらえれば、多くの利益を達成することができるのです。そして学校全体の基準に照らして、うまくできなくて最も苦労している生徒たちがいつも、人を成長させる力を最も強く感じとってくれたのです）。ティーチング・アーティストが若者のアーティストリを活性化させると、ポジティブな結果が得られるケースを、私たちは何度も見ています（誰でも若者のアーティストリを活性化させれば、ポジティブな結果が得られます。ティーチング・アーティストはたまたまそれを専門にしているだけなのです）。

　この波及効果は、教師や学校全体にも及びます。教師たちはやる気がでて、クリエイティブな学習方法を幅広く活用しようとします。学校はますます活気のあるコミュニティになるのです。保護者たちもいっそう意欲的に参加してくれるようになります。「アートが注入された」学校、すなわち、「アーツ・リッチ」[9]、「ターンアラウンド・アーツ」[10]、「アートフル・ラーニング」[11]といったプログラムを展開して、人を成長させるアーティストリの力を重視している学校において、この結果はまさに劇的なものとなるのです。

図3：学習障がいや難聴といった障がいをもった児童・生徒による、エル・システマベネズエラによるホワイト・ハンド・コーラス。写真：著者提供

近年のティーチング・アーティストリは、学校以外の場所でも広がりを見せています。世界中のティーチング・アーティストが学校の授業時間以外に、社会変革プログラムのために、多種多様なアーツを利用して、貧困社会や緊張した状況で生活している多くの若者たちに、選択肢と主体性に満ちた生活ができるように支援しているのです。マサチューセッツのバークシャー更生施設では、拘留中の若者が「シェイクスピア＆カンパニー」(12)のティーチング・アーティストが指導するシェイクスピア・ワークショップに参加すれば、早期に釈放されます。若者たちにきわめて良い影響を与えるからです。ニュージーランドのファンガレイでは、ティーチング・アーティストが指導するオーケストラ(13)には参加しても、不良グループの仲間になる子どももはいません。

　このようなポジティブな影響力は、若者だけでなく、すべての人が感じとれます。刑務所で活動するティーチング・アーティストは、人々が葛藤のある困難な状況にあっても、意味とつながりを創り出せるように手助けするのです。病院であっても、健康上のよりよい効果をあげるだけでなく、刑務所と同じ目標に貢献するのです。コミュニティや社会サービスセンターであれば、人々のウェルビーイング［訳注：肉体的、精神的、社会的に、満たされた良い状態にあること］にもあらゆる変化をもたらすことができるでしょう。

　ティーチング・アーティストリの影響力は、難民キャンプや難民定住者のコミュニティにおいて、特に大きいものとなります。人々が必死に家庭を求めている場所では、ティーチング・アーティストは家庭的な雰囲気をつくります。スウェーデンの「ドリーム・オーケストラ」(14)やアテネの「エル・システマギリシャ」(15)の成功、世界中で困難状況にある人たちに喜びをもたらす音楽家を訓練している「サウンド・オブ・チェンジ」(16)のすばらしい活動が、その証拠です。こうした危険な状況であっても、ティーチング・アーティストは個人や集団のトラウマを軽減し、政治的・人種的緊張を緩和し、絆を失った人々にも力強いつながりがつくれるように手助けをします。ティーチング・アーティストは、世界中のすべての難民や難民定住者のコミュニティの中で、生活して活動すべきでしょう。

クリエイティブ・エイジングは、アメリカではティーチング・アーティストリが最も早く成長した分野で、この分野でのティーチング・アーティストの活動が変化をもたらすことが証明されています。例えば、医薬品の摂取量の減少や入院期間の短縮、QOL の改善、老後の快適な生活、従業員のやる気の向上や定着率の上昇など、これらのことすべてが、当該の機関や行政にとっては、経費の著しい削減につながっています。あらゆる年代の人たちにとって、ティーチング・アーティストリは鬱を軽減し、幸福度を高めます。（イギリスのような）いくつかの国においては、薬を飲むよりも、ティーチング・アーティストの活動への参加を処方する医師もいるほどです。

　ティーチング・アーティストは医師の診断の精度を高めることにも役立っています。アメリカではメディカル・スクールと美術館のパートナーシップは 20 以上もあり、ティーチング・アーティストは医学生とともに、アート作品を享受する仕方から、より正確に病気を判断する、新しい診断方法を開発しています。そうなのです。ティーチング・アーティストが文字通り、生命を救っているのです。

　ティーチング・アーティストが自分たちの活動をより効果的にしてくれることを、政府機関も発見しつつあります。事実、アメリカの（ふたつの大都市を含む）10 以上の都市行政のさまざまな部署に、ティーチング・アーティストが配置されているのです。人々を巻き込むクリエイティブなスキルが、偏見を打ち破り、職員を励まし、しばしば新しい結果をもたらすからです。従業員がよりクリエイティブになるのにティーチング・アーティストが役立つことに、ビジネスの世界も気がつきはじめています。私がビジネスの世界に呼ばれて、ぜひやってほしいと頼まれることに共通するのは、「アートはそこそこにして、よりクリエイティブになるように」してもらいたいということでした。ビジネス界の人たちは、アートから連想する、感情的で肌に接するようなベタベタ感を怖れているのです。「わかりました。やってみましょう」と私は約束します。そうして、私はティーチング・アーティストがすることをします。アートの専門用語や表現手段を使ったりはしません。参加者のなかには、アーティストリがそこにいつも存在し、それを今楽しんでい

るということに気づいていない人も、しばしば見受けられました。私がいっしょに仕事をした人たちには、金属冶金の高度な技術者、大病院の呼吸器科の主任、アイビーリーグの大学のマーケティング部門、フェデラル・エクスプレスの重役たち、ある大学の神学部、3つの市のリーダーシップ育成プログラムなどで、機関が求めた結果を毎回出すことができました。

　ティーチング・アーティストは催事をより楽しく、儀式をより意味あるものに、公開イベントをより影響力のあるものにすることができます。彼ら・彼女らが登場すれば、ものごとをより美しく見せる手助けをします。さらに驚きが必要とされる状況では、人々が驚きを経験できるようにします。多くの科学者たちは、驚きの経験を通して、物理学や心理学の大切なことが個人や集団に伝えられることを、よく知っています。

　おそらく最も緊急に求められているのは、ティーチング・アーティストが気候変動危機への対応において、中心となって貢献をすることでしょう。うまく考えられたアート作品よりも、ティーチング・アーティストの貢献の方が効果的です。もちろん、多くのアーティストが環境について考えています。多くのアーティストが自分たちの関心を伝えるために、熱心にアートの活動をしています。これらのアート作品がこの理念に対して、すばらしく感動的に貢献することもできます。しかし、私たちに関係する危機に必要とされるような、社会的な影響力をもっているのでしょうか？　例えば、最近のプロジェクトで、何十万ドルも出資して、5台のカメラを使用して豪華な映画を制作するというものがありました。北極の崩落しつつある氷河を前に、音響的には申し分ない筏の上に置かれたスタインウェイのコンサート・グランド・ピアノで、著名なピアニストが気候変動に関する新曲を演奏するという映画です。この映画を観た一部の人たちは、影響を受けて感動するでしょう。しかし、一人ひとりの理解や行動を本当に変えられたといえるでしょうか？

　ほんのわずかの予算があるだけで、ティーチング・アーティストが気候変動の影響を受けているコミュニティに出向いて、人々をクリエイティブな活動に導き、無気力や絶望を克服できるという自覚をもってもらうことができ

図4：ティーチング・アーティストによるエコ・デジタル・ワークショップ。写真：著者提供

ます。理性、感情、理解の変化、個人の主体性の感覚が生じて、現実の政治の変化につながる行動が喚起されるのです。これこそがまさに、危機に求められているものであり、ティーチング・アーティストリが提供できるものなのです。

　このような活動なら、何かできそうだと思いませんか？　もし思えるのであれば、あなたは真実のかなり近くまで来ています。私はティーチング・アーティストに投資します。しかし現状を見る限り、彼ら・彼女たちが潜在能力を発揮できるようになるのには、まだ十分な数の人が投資していません。彼ら・彼女たちの才能やスキルは力強いのですが、十分には活用されていません。社会のより多くの、ほとんどの人が、ティーチング・アーティストが行っていることを知りませんし、見ていません。アーツ関係者でさえ、多くの人が知らないのです。この活動の発展に投資する資金提供者も、ほとんどいません。若い才能をこの分野に導く訓練の道筋も多くありませんし、この分野で出世するキャリアパスもほとんどありません。ITAC（International Teaching Artist Collaborative）が先陣をきっていますが、なんらかの道筋を示すことのできる地盤すらも、この分野にはありません。もし資金提供者がティーチング・アーティストの仕事を発展させ、支援するための投資をすれば、こうした状況も変わってくるでしょうし、変化して成熟もしていくでしょう。ティーチング・アーティストリは、社会変革の眠れる獅子なのです。

ティーチング・アーティストリの仕事は実際に
どのように見えるのでしょうか？

アーティストというのは大切なこと、すなわちエッセンシャルなことを知っていて、それを実行に移すことができる人のことです。部分と全体の関係を細部にわたって理解しています。時間、現状、必然性を、新しい世界を形作るための柔軟な生の材料とみなしています。今ある世界を別の方法で見ることができます。自分たちが知り大切にしているものを、雄弁に保ちうる首尾一貫した世界を、創りだすことができます。他の人たちが自分自身のものとして扱うことのできる意味を、創り出すことができます。

教師というのも同じように、エッセンシャルなものを知っていて、それを実行に移すことができます。学ぶということが人が生きて成長している証しであることを、知っています。他者を内なる好奇心に向かわせて、未知のものを探究させ、その探究の範囲と深さを拡大させます。意味を発達させ、理解を進化させる手助けをすることができます。

ティーチング・アーティストはそれぞれの職業のエッセンシャルな要素を融合して、そこに付加すべきことを知っていて、それを実行に移すことができる人です。変化と可能性に満ちた環境へと、他者を導きます。他者に向けてアートの刺激を活性化させて、アーティストが知っていることと教師が知っていることの両方を使用しながら、他者を導きます。大切なことは、個人的・社会的な想像力を涵養するということです。そしてまさしく、社会に向けての想像力が、世界が今ぜひとも必要としているものなのです。

ティーチング・アーティストの活動はプロジェクトや文化状況によって異なって見えますが、いつも現れる特徴もいくつかあります。カーネギーホールのワークショップルームで行われようと、タンザニアの村の赤色土の土俵で行われようと、ティーチング・アーティストは"アーティスト"ではない人々を、クリエイティブな活動に導いていけるような、段階的なアクティビ

ティをデザインしています。アクティビティは常に、興味をそそる楽しいものです（私はこれを「楽しさの酷使」と呼んでいます）。「そのアーツがあまり好きでない」人たちもすっかりはまってしまって、一時間前に毛嫌いしていたアートの材料やプロセスを使っていたりするのです。ティーチング・アーティストは、自分たちの想像力を使って、大切なものを作るように導きます。大切なものというのは、個人にとって重要で、正しい意味で挑戦的で、感情的につながり、達成すると満足感が得られるものです。ティーチング・アーティストは（常にというわけではありませんが）グループを導いて、個人と集団の双方を同時に活動させることもあります。人々の関心を十分にひきつけ、フロー経験をもたらします。自分たちのクリエイティブなプロセスを振り返ることに、参加した人たちは楽しみを見いだします。クリエイトすることで得られるエネルギーの爆発は、ティーチング・アーティストによって巧みに処理され、社会的に影響する目下の目標へと導かれるのです。

　余談ですが、ティーチング・アーティストは何をするのかを説明するのに役立ちますので、ここで少しお話しさせてください。西洋の文化のほとんどが、アートを名詞で定義しています。つまり、建築物、バラード、バレエといった名詞で、定義しているのです。特にアメリカは、既知の世界にある名詞の中心地ですので、アートもモノからできています。しかしティーチング・アーティストはアートという動詞、すなわち、アーティストがアート作品をつくるという行動の名人です。いかなる媒体を用いても、人が大切なモノを作る、つまりアーティストリがはじまるときの動詞は、いつも同じです。アートの媒体によって制作されたモノ——すなわち、絵画やモダン・ダンス、「名詞」のアート——に価値があり、重要で、しばしばすばらしく、偉大でさえあるのは確かです。しかし動詞には力があるのです。これについて、私は拙著『The Everyday Work of Art』で述べておきました。

　アート作品というのは、活発な活動がかつて行われた場所を示す墓石でしかありません。ティーチング・アーティストは、それを生き返えらせる、生気あるアートという動詞を使うことができます。壁に掛けられたピカソやコンサート・ホールのショスタコーヴィチが勲章となるのには、アートという動詞が、もっと生き生きとした、もっと楽しくて、もっと意味のある、もっ

と名付けようのない渇望を目覚めさせなくてはなりません。この渇望があることで、私たちは、ピカソとショスタコーヴィチの名詞にさまざまなやり方で潜入して、私たちにとって大切なモノを発見するのです。個人的に大切なつながりがつくれると、それらを生き返らせることができるのです。

　こうした模範となるモノを創造する動詞と、大切にしているモノを作るために私たちがなんらかの表現手段に用いる動詞は、同じものです。アーティストリで成功する注意、問いかけ、良しあしの直観的な判断は、バレエとパン焼きの双方にも用いることができます。音楽で使用される、ブレインストーミングや選択、追加と削除が、ガーデニングやファンドレイジング（資金調達）でも、ごく自然に活用されます。劇制作におけるクリエイティブな問題解決と、マウント・サイナイ病院［訳注：ニューヨークにあるマウント・サイナイ医科大学附属病院］の緊急診療や、住民が集まって遊び場をつくるために行うクリエイティブな問題解決も、あなたが想像する以上に、多くを共有しているのです。私はこのことをよく知っています。これまで私は、上述した場所やその他の多くの場所で働いたことがあるからです。すでにお話したフェデラル・エクスプレス［訳注：通称、フェデックス。世界最大の国際物流会社］のリーダーシップ・プログラムでも、百ページもあるガイドブックのマニュアルよりも、メンフィス交響楽団の首席奏者がどのようにして自分のセクションの仲間とコミュニケーションしているのかを研究することの方から、多くを学ぶのです。

　ティーチング・アーティストは、切望をもたらすビジネスです。アーティストリを活性化させれば、アート作品に意味を発見したり、アートやアートでない表現手段で自分を表現したりするときには「つながりをつくりたく」なります。「つながりをつくる make a connection」という慣用句を見てください。これはクリエイティブな活動であり、原始レベルのクリエイティビティです。われわれはいつでもそのようにしています。これもつまるところ、動詞ですね。

　AI プログラムが数分で百冊もの小説を「生産」したり、世間に認められた巨匠の絵画に非常によく似た絵画を 50 枚「制作」したりする、そしてあるも

のはとても優れているというような世界では、私たちとアートという名詞との歴史的な関係も、不安定になってきます。クリエイティブな知性、すなわち、ティーチング・アーティストが扱う動詞が、AI の世界ではますます重要になっているのです。他者の想像力とアーティストリを活性化させてクリエイティブな目標へと導く際に、ティーチング・アーティストがもたらす共感、巧みさ、直観が、健康的な文化の周辺にとって豊かな実りをもたらすのです。そうした実りこそが、変化しつつある世界の生命線なのです。

　もうひとつ別のことがあります。それは、アーティストリが働く際に不可欠なことです。私たちが大切な何かをクリエイトしているときに、心のなかに何かが生じます。信頼できて力強くてミステリアスな何かです。私たちが人とのつながりをつくるという小さな企てであっても、それにアーティストリを注ぎ込んでうまくいけば、クリエイティブな満足感のほとばしりを経験します。この習慣は通常は隠れていて、気づかないほど小さなものなのかもしれませんが、私たちが経験する喜びは、現実に存在します。クリエイティブな成功は、さらなるクリエーションへのエネルギーの発露を生み出します。次のアイディアとかプロジェクトとか。フォローアップとか拡大とか。新しい疑問や好奇心とか。私はこれを「はずみ」と呼んでいます。熱力学の第 1 法則のように定義すると、ひとつの完成は新しいエネルギーの火花を生み出すのです。恋愛のようなクリエーションは、求める以上のエネルギーを生み出す稀な経験です。それぞれのステップに「はずみ」があるからです。

　ティーチング・アーティストが、アクティビティをステップごとにデザインするときには、このはずみを利用して、人々が期待していた、あるいは夢に描いていた以上の達成へと導くのです。各ステップでのクリエイティブな満足から前進的なはずみが得られれば、数時間であなたは、部屋の出口の壁を不安そうに眺めていた参加者をも、あなたの周りにいる人たちを魅了する、すばらしく美しい壁画の前に誇らしく立つ、コミュニティを献身的に宣伝する人に変身させているでしょう。数週間あれば、気候変動の犠牲となった絶望的な町も、地域の政治改革を求める活動的な市民にあふれる町になるでしょう。

ティーチング・アーティストリの歴史

　自分を表現したり金銭を稼いだりするためだけでなく、コミュニティにとって重要なニーズのためにアートをクリエイトしてきたアーティストは、常にいました。旧石器時代のアーティストはアートを創造したことの満足に浸ったり、週末の旅行グループからチップを稼ぐために、洞窟の壁に動物の絵を描いたりはしていません。狩猟に必要な何かを伝達するために、そしておそらく食物を提供してくれる、スピリチュアルな力に訴えかけるために描いたのです。絵を描いた人たちは、コミュニティに奉仕したのです。このとき以来、アート作品をただ制作するのではなく（もちろんこれ自体がそれほど簡単だというわけではありませんが）、「アートのためのアート」とは別の目的で、コミュニティのメンバーと直接に関わりあうアーティストが、いつもいたのです。アメリカでコミュニティ・アーティストの名声が高まったのは、ニューディール公共事業促進局（WPS、連邦アートプロジェクトの部門）によって雇用された「10,000-plus アーティスト」が、演劇、ダンス、文筆、音楽の他、15 万点以上の公共ビジュアルアート作品でもって、アメリカが大恐慌から脱出する手助けをしたことを称賛されたときからです。1950年には「ヤング・オーディエンス」という組織が、アーティストを学校に派遣する事業をはじめました。

　しかし、ティーチング・アーティストリが明確な領域、後に職業となったのは 1970 年代です。アメリカでは生徒を対象にはじまりました。一般的に名前が普及しはじめたのは、世界最大のパフォーミング・アーツセンターであるニューヨークのリンカーン・センターからでした。リンカーン・センターのリーダーたちが、毎年広場にやってくる何百何千の生徒たちに、もっと効果的に公演を観てもらうようにする方法を、開発しようとしたときからです。リンカーン・センター・インスティテュートの創設者であるマーク・シューバルトからよく聴かされたのは、メトロポリタンオペラの入場待ちを

して並んでいる子どもたちの横を歩いて、ひとりの少年に何を観にきたのかと尋ねたときの話です。その少年は軽蔑するように肩をすくめて、こう答えたそうです。「どうやって知ればいいのですか？　校外学習で来ただけなのに。」シューバルトはこうした現状を改善しようと思い立ち、学校で働いている有能でベテランのアーティストでチームを作ったのでした。このチームは、これまでに参加したプロジェクトで得た理解と知識を集め、さらにインスティテュート所属の哲学者マキシン・グリーンの励ましを得て、「美的教育」の新しいビジョンを開始したのです。これが、分野としてのティーチング・アーティストリの実質的なはじまりでした。

　職業としてのティーチング・アーティストリがアメリカで支援を得られるようになったのは、1980年代でしたが、それは辛く厳しい理由からでした。アートの教育のための連邦予算がカットされて、何千人ものアートの教師が失業したのです。ある世代だけがアーツを知らずに大きくならないようにと、その埋め合わせをしようと、アート関連の組織はティーチング・アーティストを雇用して、学校に派遣したのです。交響楽団、バレエ団、劇場、美術館といったハイカルチャーのアート組織とその設置者たちは、将来の聴衆がどうなるか心配をしましたが、そのときの心配が正しかったことは、時が証明しました。問題の大きさに比較して、アーツの教師とティーチング・アーティストへの投資があまりにも少ないのです。

　ティーチング・アーティストの分野は着実に発展してきています。学校のティーチング・アーティストは、クラス教師の良きパートナーとなって、目標の達成にも協力して、教師たちが仕事をよりクリエイティブにできるようにと、教師たちの訓練もしています。またさまざまな領域のテーマで、アート教科以外の教師を「アート・インテグレイティッド・カリキュラム」に参加させています。多くの学校レジデンスが次第に長くなり（ときに経済状況の悪化で短くもなりますが）、さまざまな学習目標を達成して、自分たちの仕事の影響力を評価する方法も学びました。分野が成長してくると、ティーチング・アーティストが学校以外のプロジェクトに呼ばれることもあります。すでに、近隣の地域やコミュニティで働いていた3,000人ものティーチング・アー

ティストが、自分たちの仕事を深め、拡大しています。「コミュニティ・アーティスト」として働くアーティストと「ティーチング・アーティスト」は、相互に協力できることを認識するようにもなったのです。アメリカとイングランドでは、誕生しつつある分野のなんらかの基盤づくりのためのプロジェクトがスタートしています。アメリカの「ティーチング・アーティスト・ギルド」[(17)]と、イングランドの「アート・ワークス・アライアンス」[(18)]です（イングランドではこの分野は盛んで、参加型アーティストリと呼ばれています）。

　2012年にITAC（International Teaching Artist Conference）が誕生して（2018年には常設の組織 International Teaching Artist Collaborative となりました）、世界中で孤立していたティーチング・アーティストたちが、ティーチング・アーティストリがグローバルな分野であることを認識するようになりました。「アカデミー・フォー・インパクト・スルー・ミュージック」[(19)]が今では、四大陸のティーチング・アーティストとの訓練フェローシップを実施しています。国ごとによって、規模、名称、それぞれの実践内容、雇用パターンは違いますが、より多くのことを共有しています。彼ら・彼女たちはコアなアイデンティティを共有しているのです。アイデンティティは語源的には、「同じ」を意味しています。多くの国や地域で拠点となっている組織が結集しはじめています。グローバルに認知される転機が近づいているのです。

図5：2016年エディンバラで開催されたITAC3での26か国の代表者たち。写真：著者提供

どういう人が、どのような理由から
ティーチング・アーティストになるのでしょうか

　ティーチング・アーティストは、アート作品をつくる以上のことを望む実践者です。アート作品をつくり、人と共有することは、すばらしいことです。それだからこそ、不安定な職業だとわかっていても、人はその道を選ぶのでしょう。「ほかに選ぶ余地があるのなら、そっちの方に進みなさい」とは、この道を志しはじめた多くの人が、一度は耳にしたことがある言葉でしょう。でも、そのアドバイスを聞いてはいけません。アートに関わる満足感や充実感、そして自分が自分でいられる感覚は、ほかでは得られないからです。

　このことは、ティーチング・アーティストについても言えますが、私たちはそれ以上のことを望んでいます。私たちは「名詞」としてのアートをつくることを愛し、自分自身のアーティストリを発見することに喜びと意味を見出すほかに、「動詞」としてのアートを使って、アート作品が内包する美と価値を、生徒たちや観客が見つけられるようにしていきたいとも思っているのです。私たちは多くの人（アート鑑賞愛好者やアーティストを目指す人たちだけに限定することなく）が広く、「動詞」としてのアートに関わることを通して、社会をよりよく変革していきたいのです。そうです。ティーチング・アーティストは野心に溢れているのです。

　その人がティーチング・アーティストかどうかは、仕事をしている最中でないと判別がつかないでしょう。私たちは（アーティストがどのような人を意味するにしても）「アーティストのように」見えたり、見えなかったりするかもしれないからです。控えめだったり、積極的だったり、若かったり、年を取っていたり、さまざまな人がいます。アメリカやイギリスなどの欧米出身で、年配のティーチング・アーティストの多くは白人ですが、若いティーチング・アーティストには、いろんな人種の人がいます。私たちは複数の観点がより豊かな創造的な結果に役立つと思っているので、ダイバーシ

ティ（多様性）に価値があると考えています。私たちは皆、低賃金で働いています。ほとんどの人たちが、アート作品をつくりティーチング・アーティストリに関わる仕事をするかたわらに、副業をしながら収入のやり繰りをしています。私たちは自然にあるいは必然的に、起業家的になる傾向があります。ほかのティーチング・アーティストといっしょにいることや共同ですることを好みますが、それにしても十分な時間がありません。私たちの専門性が高まっても、それに見合う収入を得ることができず、ティーチング・アーティストの活動を断念せざるを得ないケースもあるのです。ティーチング・アーティストが、アメリカのアート業界のどの部門よりも、新型コロナウイルス感染症拡大の痛手を被ったというエビデンスもあります。

　ティーチング・アーティストリというのは、アーティストが状況に応じて適用できる、教育のための手近な秘訣の入った道具箱ではありません。ティーチング・アーティストリは世界観です。アーティストの見方が拡大されたものです。ここには、すべての人びとに内在するアーティストリに触れる魅力だけでなく、アート作品の内部につながりを作ることから、社会問題へのクリエイティブな解決策を導くこと、さらにすべての人びとができることを発見する興奮も含まれているのです。

　大学や専門機関におけるアーツ関連の学科にはたいてい、卓越したもの（エクセレンス）を評価するある一定の基準があり、受け継がれてきたその標準を守り、強化しようとします。ティーチング・アーティストになる人は、アーティストとしてのあるひとつの優れたもの（エクセレンス）の定義に合わせて、訓練されます。しかしティーチング・アーティストになった人は、もっと多くの定義を発見します。もちろん、ティーチング・アーティストは自分たちがアーティストの訓練で学んだところの優れたもの（エクセレンス）を大切にしていますが、承認や称賛に値するほかの価値——高い処理能力、優れた社会的影響力、文化に対する真摯な態度[20]——も大切にします。これらは高尚な芸術（ハイアート）の基準には合致しないかもしれませんが、別の意味できわめて重要ですので、ティーチング・アーティストも、いかに人間が優れた生き方をしてきたかという、より幅広い卓越性（エクセレンス）に照らして、これらを称賛しているのです。

ティーチング・アーティストは、自分たちとは違う人々に興味を持ち、大切にします。生まれた環境が異なっても、アートの経験がなくても、若い人、老いた人、障がいのある人たちの創造的なアイディアに関心を寄せます。ティーチング・アーティストは人びとの生まれ持った素質を大切にし、そうした出会いに喜びを感じます。私自身は日常生活の中で、人々の珍しい言葉の使い回しや、芝居がかった振舞いや、目立たない小さな親切な行為に、関心が向きます。それらは貧民街でも、高級ショッピングモールでも、どこでも同じように発見することができます。あなたは、相手のどんなアーティストリに注意が向きますか？

　ぼんやりとして、つまらなそうにしているティーンエイジャーがたむろしているのを見かけると、ほとんどの人はなるべく関わらないようにしたり、無視したりするのではないでしょうか。アーティストならば、子どもたちに同情するかもしれません。そしてティーチング・アーティストなら、きっと彼らが興味を持ちそうなアクティビティに誘いたいという気持ちで、いっぱいになると思います。ティーチング・アーティストはこうした子どもたちと関わり、楽しみやポジティブな気持ちを引き起こす方法を知っているからです。

　数年前のことですが、私はある高校の教員を対象にしたワークショップを、放課後にすることになっていました。創造性を高める授業方法についてのワークショップです。今でも覚えています。その学校はまるで政府の機関のように巨大で、あらゆる点で独創的なデザインの建物だったので、私は歓迎されていると感じることができませんでした。

　3人のティーンエイジャーが入り口階段の脇の壁際で、たむろしていました。この青年たちは決して問題行動を起こすようなタイプではなさそうでしたが、とっぽい「カッコつけ」の少年たちでした。今にも学校に入ろうとしているこの年老いた私に、皮肉っぽい野次を今にも飛ばしそうでした。私は彼らのほうに歩いて行き、「すみませんが、校長室に行きたいので、行き方を教えてくれませんか。ただ、校長先生に会う前に、学校の様子を知りたいので、学校の中で一番面白いものが見られるルートを、教えてもらいたいのですが」と話しかけました。

すると感じの悪い態度は、すぐに消え去りました。予期せぬ問いかけが、思った通り、彼らの興味を引いたのです。彼らにはとても関心のあることだったようで、互いにいろんなチョイスを出し合い、ブレインストーミングしたり、からかい合ったりしながら、話し合いをはじめました。女子のロッカールームの話も上がっていました。何のために学校を訪問しているのか、彼らのひとりが尋ねてきました。企画を練り上げている途中、自分たちのチョイスが、私の目的に最適かどうかを確かめたかったのでしょう。1分丸々過ぎた頃、時折「アホかお前は！」と言ったりして、お互いの案にちょっかいを入れながらも、3人が全員で選んでくれた道順を教えてくれました。彼らに簡単なお礼をして、私は階段を登りはじめました。その間も彼らはずっとお互いを罵り合い笑いながら、学校の最高と最悪のことについて話していました。彼らのふざけあいながらの真剣な話し合いは、決して「カッコつけ」のようなものではありませんでした。

私たち皆がほとんどいつも表面には見えなくても、持っているものがあるのです。それは、自分にとって大切にしているものを使って、新しく面白いものをつくりたいという気持ちです。風采の上がらない赤の他人のためにも、何かをつくりたいと思うのです。ティーチング・アーティストはこのように、可能性に満ちた世界を見ているのです。

❖ティーチング・アーティストには世界が、こうした可能性がそこら中に燻（くすぶ）っているように見えるのです。

ティーチング・アーティストと
アートの教師の違いはなんですか

　これはよく質問されることです。両者はよく似ています。違いは人にではなく、目的にあります。同じ人がアートの教師になったり、ティーチング・アーティストになったりもします。すばらしいアートの教師は、教えるときにティーチング・アーティストリを発揮しますし、すばらしいティーチング・アーティストは、アートの教師になることもできます。つまり、両者の役割はひとつになることもあるのです。

　目的の違いはどこにあるのでしょうか。アートの教師は、生徒をアートの世界に導き入れ、プロとしても愛好家としても通用する基礎力を身につけさせて、アートへの興味を一生涯持ち続ける心を育てます。一方ティーチング・アーティストは、参加者のアーティストリを目覚めさせます。人々が人生において大切にしているものを、アートという媒体を使ってつくるように促します。しかしアートのスキルを身につけることを、目的にはしていません。アートとの関わりを通して得た創造性を、日常生活の他の場面へどれだけ移行できるかに重きを置くのです。私の最初のティーチング・アーティストの先生は、哲学者でもあったマクシーン・グリーンです。彼女は、ティーチング・アーティストが成すべきことは「広い覚醒（"wide awakeness"）」を生み出すことであると、言っていました。ティーチング・アーティストリは、「普段意識しないことに意識を向けさせ、人々の意識を今に向けさせる」手段であり、「当たり前のことに違和感を覚えるようにすることもできる」と尊重していました。ティーチング・アーティストが人々を「参加へと導き、ただ熟考させるのではなく、私たちのエネルギーを豊かな出会いで発散させてくれること」を、彼女はとても喜んでいたのです。

　両者の目的の違いについて、私が何度も繰り返し喋っているものだから、あるとき友人にその違いを実際にデモンストレーションして、教えてほしいと言われました。そこで翌日、実際にやってみることにしました。20分間

の授業でしたが、まずは演劇の教師として、続けてティーチング・アーティストとして、教えました。最初に、役者が学ばないといけない数少ない技術的なことを、教えることにしました。それはシェイクスピアの韻律分析です。役者のセリフの伝え方に影響を与える、詩の中の強調される音節のリズム・パターンを見つけて観察するのです。

ラウンド1

　自分がこれまで出会うことがなかった、活発で楽しいシェイクスピアの授業の教師になりました。ヤンブス（弱強格）、トロカエウス（強弱格）、ダクテュルス（強弱弱格）などを紹介しました。これらは現代の話し言葉にも見つけることができるでしょう。例えば、o-KAY はヤンブス、DUMB-bell はトロカエウスです［訳注：小文字の音節は弱格、大文字の音節は強格を示す］。私たちはシェイクスピアの戯曲を分析しました。あまりにも不規則なので、戸惑いながらも、この分析は参加者にとって興味深いものだったようで、全員がこのテーマについてより詳しく知ることができたのです。

ラウンド2

　最初に、「生活のどういう状況のときに、感情が自然に高ぶった口調になりますか？」と問いかけたところ、「怒ったとき」や「母から夕飯までに帰って来なさいと言われたとき」などの回答が返ってきました。次に、「感情が高ぶったときの話し方だと、どのような方法を自然に使っていますか？」と問いました。皆からの回答には、言葉の使い方、音量や音高、リズムの変化などについて、いい意見がありました。リズム・パターンについて、もう少し掘り下げて考えてみたいと思い、「イライラしたお母さんが言いそうな言葉を、da-DUM（弱―強）のリズムを使ってつくってください」と言いました。すると次のような回答が出ました。"You GET your BUTT in HERE right NOW."「ユーゲッツ　ユアーバッツ　インヒアー　ライト**ナウ**」（今すぐ直ちにここに来なさい。）今度は、da-DUM（弱―強）と DUM-da（強―弱）を混ぜたものをつくってもらいます。"Oh MOM, I SWEAR I'll NEV-er EV-er DO that a-GAIN."「オー**マ**ム，アイス**ウェ**ア　アイル**ネ**ヴァー　**エ**ヴァー

ドゥーザッツ　アゲン」（お母さん、そんなことはもう二度としないと約束します。）そして他のリズムも試してもらい、どんな効果があるかを話し合いました。授業が残り時間4分たらずになったところで、ようやくシェイクスピアの戯曲を見てもらいます。そしてそれまで遊びながらつくっていたリズム・パターンやその他のパターンが、そのなかでどのようになっているのかを確かめてみるように促したのです。

　授業を終えた後、私の友人のリードの下、参加者と共に振り返りをしました。誰もが両方のラウンドが楽しかったが、最初のクラスの方が役に立つ情報を、より多く得ることができたと言って振り返ります。しかし最初の授業が終わったことで、ほっとしたとも言いました。もう十分に学んだと感じたからです。これとは対照的に、ふたつめの授業は終わってほしくなかったそうです。もっと続けたいと感じたのでしょう。振り返りをしている最中も自分たちのコメントの中の言葉にあるリズム・パターンに気づいては冗談を言い、学んだことを楽しく実践活用していました。彼らはランチの時間も、お互いの話す言葉の韻律を分析して楽しんだようです。またその次の日も。

　この例は、教育学研究が学びについて示唆していることを具体化しています（教育の場だけでなく、ビジネスや科学の分野においても、この研究は掘り下げられています）。大切なことは、内的モチベーション（内発的動機付け）か、外的モチベーション（外発的動機付け）かです。内的モチベーションは、そこでしか得られない楽しみを追求したいという、あなた自身の好奇心や熱い思いにかられた、個人的な理由があることを意味します。外的モチベーションは、ごほうびがほしい、叱られたくない、誰かを喜ばせたい、ほかのすべての人がやっているからといった、外からの理由があることを意味します。

　ご存知のように、学校生活や職業生活では、私たちはほとんど外的モチベーションに駆り立てられています。しかし数十年に及ぶ研究が掲げる大見出しはこうです。どんなテーマやプロジェクトであっても、内的モチベーションに突き動かされる方が、いつだって長期的には、より多くを学べるのです。この真実が、韻文分析を教えたふたつめの授業を形づくるティーチング・アーティストとしての指針となりました。

ティーチング・アーティストのガイドラインに「速度を上げるために、ゆっくりしなさい」という教えがあります。教える内容については、個人の関心や興味（これらは内的モチベーションと直結します）のあることに、より多くの時間を割いてください。そうすれば、長期的にはより広く、深く

❖ティーチング・アーティストのガイドラインは、「速度を上げるために、ゆっくりする」のです。

学ぶことができます。このような理由から、サン・ノゼの地域デザイン・都市計画のワークショップでは、「アートセンターをつくる予算は、ひとつかせいぜいふたつの建物を改修する程度しかない」と切り出すのではなく、「この地域がクリエイティブなエネルギーで満たされたとしたら、こんなにすばらしいことはないと思いませんか」という質問で議論を切り出したのです。『地下鉄道』（19世紀アメリカにおいて、南部の州の奴隷が北部の州へ逃亡する手助けをした秘密組織の映画）で使われた音楽についての、中学2年生の歴史の授業では、「第7章を開いてください」とはじめるより、「人は生きるために音楽をどのように使いますか」[21]と問いかける方が、学ぶ意欲をかき立てることができるのです。速度を上げるために、ゆっくりするのです。ビジネスミーティングでも、パワーポイントからはじめるのではなく、参加者全員に、そのミーティングで一番大切だと思うことを、3分間で出しあってもらいます。より効果的なミーティングになっていくのが、わかるでしょう。死ぬほどまでに追いつめられたと感じて、私に相談にきたいくつもの団体組織からの依頼でも、私のティーチング・アーティストのツールが、より回数が少なく、より速くて楽しいミーティングにするために役立ちました。ティーチング・アーティストリは、人々の精神安定剤にもなるのです。

シェイクスピアの韻律分析というアプローチの事例にあてはまるガイドラインには、「速度を上げるために、ゆっくりする」のほかにも、4つのガイドラインがあります。「個人の関心を優先する」「元々ある能力を触発する」「足場づくり」「知識の前に体験を」の4つです。これらやその他のツールについては、この本の第2部で詳しく説明します。

ティーチング・アーティストのすばらしい仕事をこれまでにもたくさん見
てきましたが、特に印象に残っている事例は、思いがけない場所で起こりま
した。それは1980年代後半、インディアナ州インディアナポリスにあった
古びた学校の教室でのことでした。ティーチング・アーティストである音楽
家が、7名のティーンエイジャー向けに50分間のワークショップを行いま
した。ティーチング・アーティストにとってこのような生徒たちとワーク
ショップをするのも、はじめてでしたし、生徒たちにとってもこのような形
で仲間とのワークショップに参加するのは、はじめてでした。これはどんな
ティーチング・アーティストにも、とても難しい状況でした。このクラスは
特別なクラスで、ティーチング・アーティストの目標は若者たち全員に演奏
させるというものでした。その参加した生徒全員が、目と耳が不自由だった
のです。

　生徒たちが次々と教室に連れてこられる間（何人かは車椅子に乗って）、
どうしたら彼らのアーティストリを活性化できるのか、私は頭の中で考えを
巡らせましたが、まったく思いつきませんでした。ティーチング・アーティ
ストはリラックスした様子で、生徒とひとりずつと触れ合って挨拶を交わし
ました。彼はドラムをひとりずつに渡し、それぞれに教えはじめました。ド
ラムを叩きながら、彼らは身体のどこかで、その反響を感じているようでし
た。しばらくすると7人全員が、自分と他者の叩くドラムの音を身体のどこ
かで「聴いている」と感じられるようになりました。それは騒音そのもので
したが、とてもすばらしい音のぶつかりあいでした。

　次に、生徒たちをふたりずつのペアにして、同じリズムを叩くよう、身体
で教えました。同じリズムをいっしょに叩きそのリズムを変化させるとい
う、これまでに経験したことがないことを、彼らは明らかに楽しんでいる様
子でした。そしてティーチング・アーティストは、ふたりずつのペアから、
今度は全員でいっしょに叩くようにしました。少々時間が余ったのですが、
終わりではありませんでした。例えば、各ペアのひとりの生徒が4拍を均等
に刻んでいる間（1 + 2 + 3 + 4）、もう片方には8分音符と4分音符のリズ
ムを3拍目の裏拍と4拍目の表拍（＋ 4）の部分で刻んでもらいます。ペア
の相手と4拍目の表拍で揃うことに、彼らの喜びの表情を見ることができる

でしょう［訳注：このリズム打ちの表現については原著者によって修正されている］。

　その後、どういうわけか、私にはどのように起こったか理解できなかったのですが、全員がいっしょに演奏をしはじめたのです。与えられたパターンだけでなく、いっしょに即興演奏をはじめたのです。フォービートを続けながらも、相手のことを考えながら自らの音楽的判断をしているのです。部屋には恍惚の雰囲気が漂っていました。彼らは、これまでに経験したことのない遊び心、創造性、親密さを持って、見事なかたちで互いにつながり合っていました。たったの50分の間で。

　授業が終わりました。彼はプロの音楽家らしく、ひとりずつに謝意をタッチで伝えながら、皆とお別れをしました。ユニークな小さなつば付き帽子を頭に、彼は私と学校を後にしました。彼はゆったりと満足げに、音楽家が時折見せるクールな表情を浮かべていました。非日常的なすごいことが起こったのだとは感じさせません。究極のティーチング・アーティストがただ、音楽仲間とすばらしいジャムセッションをしただけという感じだったのです。

アーティストリの事例紹介

　ティーチング・アーティストが行うワークショップは、ひとめ見ただけでは、何が特別で、ほかとどう違うのか、わからないかもしれません。円になって座って何やらやっていたり、小さなグループをつくって、体を丸くして作業に没頭していたりするのですが、その場にしばらくいれば、その特別さに気づくことでしょう。さらに、イベントの最後まで残っていたならば、きっと「なるほど」と思うことでしょう。4つの例をご紹介しましょう。

　カーネギーホールの初の試みとして 2011 年に「ララバイ・プロジェクト The Lullaby Project」を立ち上げました。音楽が問題解決に本当に役立つものかどうか、協力機関であるヤコビ・メディカルセンターの出産クリニックは、当初半信半疑でした。治療を受けている多くの女性はストレスを抱え、母親（あるいは両親）と生まれたばかりの赤ちゃんとの健康的な結びつきを妨げるほどに、母子ともに不健康な状態でした。そうした問題を抱えたお母さんたちが、楽しい数時間のやりとりを通して子守唄を作曲する（その後、録音する）仕組みを、ティーチング・アーティストのトーマス・キャバニスとエミリー・イーガンが作りあげたのです。このプロセスを経験した人たちの健康が改善するという高い効果があったことから、ララバイ・プロジェクトはその後、50 都市 11 ヶ国に広がりました[22]。子守唄のできがいいか悪いかは関係ありません。効果は名詞としての子守唄から生じるものではないからです。効果は動詞としての子守歌、すなわち、アーティストリを活性化させて、できるだけ個人に関連する、個人として大切なプロジェクトを完成させる喜びから生じるのです。ララバイ効果は、家族の絆の強化、世話をするケアラーの健康と幸福度の向上、子どもの早期発達などにも影響するという、研究結果も出ています。ストレスを抱えた状態から愛情豊かな状態へ、「こんなこと、できっこない」から成功体験から得た自信へと、若いママた

50

ちの気持ちにも変化が見られました（ぜひ、このプログラムをインターネットで検索して、ご自分へのご褒美として、できあがった子守唄を聴いてみてください）[23]。

　バーモント州ウォータベリーは、地域によくある課題を抱えた小さな田舎町です。長くて寒い冬は、人々のモラルが低下しがちです。ティーチング・アーティストのゴウリ・サヴォーは、学校の美術の教師といっしょになって、地域の提灯行列祭りと関連づけた小さなレジデンシー・プログラムを企画しました。幅広い世代の地域住民が、学校やコミュニティセンターでのワークショップに参加し、提灯を作ります。それを長い棒にのせて、長い冬の夜の町を歩き回るのです。子どもたちも大人もいっしょになって、数週間かけて提灯を作りました。なかにはひとりでは運びきれないくらい、大きなサイズもありましたが、パレードの実現に向けてみんなが力を合わせていました。そしてある真冬のイベント当日の夜、町中の人が集まりました。音楽隊や見物人とともに、自らが作った提灯の光を頼りに町中を行進し、「ウォータベリーの光の川」が現れたのです[24]。その後この催しは、町が予算をつけ、地域の企業や住民から献金があったことで、町の恒例行事となりました。毎年違うテーマで、開催が続けられています（ゴウリはほかの町でも同様の活動を実施しています）[25]。一年の辛い時期に、地域の希望とつながりを呼び起こす伝統が出来上がったのです。

　「エピック劇場アンサンブル（Epic Theatre Ensemble's Remix）」[26]のリミックスプログラムに参加しているニューヨーク州公立高校の生徒たちは、ハムレットやアンティゴネーなどの古典文学を勉強します。参加者はティーチング・アーティストの指導のもと、ある場面を創作したり、即興劇をしてみたりしながら、劇のテーマについて、特に社会の正義と公平性という視点から、より深く考えていきます。自分たちの生活とも関連づけながら、劇についての考えをまとめ、原作と自分たちの創作の部分とを織り交ぜた「リミックス劇」をつくり上演しました。細かいニュアンスの理解に基づいた優れた演技力と、社会課題に向き合う責任感に溢れた、公演となりました。この演

劇活動によって、どのような効果があったのでしょうか。

　この地域の高校生の卒業率は64％に留まるのですが、「リミックス」を受講した生徒の100％が高校を卒業し、さらにそのうちの97％が進学したのです。この経験から得た自信が、彼ら全員にとって、新しいことにチャレンジするための基盤となったのです。そして、この企画を実行した優れたティーチング・アーティストたちは、精力的に熱のこもった演目を次から次へと生み出し、活発な活動を続けています。

　セルビアのベオグラードでは町中の樹木の伐採が進み、町は木で覆われている部分の割合が、世界中で一番少ない都市のひとつになってしまいました。そして、深刻な環境問題とQOLの課題にも直面していているのです。ダー劇団（Dah Theater）[27]のティーチング・アーティストたちは、課題解決に取り組むことを目的とした「あなた自身の行動を起こそう "Create Your Own Action"」という、市民創発型のウェビナーシリーズを実施しています。その一環として今回は、「ダンシング・ツリー（Dancing Trees）」というプロジェクトが立ちあがりました。公園に残っているわずかな樹木のなかで、演劇ダンスのパフォーマンスをするという、無料体験型イベントでした。これを機に、都市計画や気候学の専門家、活動家、アーティストによる討論会、植林のイベント開催、ホームページ創設の他、ベオグラードの植林や他の市民活動の取り組みなどが、どんどん広がりを見せたのです。

　これらの4つ事例は、そのほかのすべての活動と同様に、大成功を収めました。なぜなら、ティーチング・アーティストたちは創造的な取り組みを通して、可能であることを変える、つまり、今とは違うようになり得ることを想像する力を発揮できるからです。マクシーン・グリーンはこのように述べています。「新しいつながりは経験からつくられる。新しいパターンが形成され、新しい視野が開かれる。そして人々は違う見方をし、違う共鳴の仕方をするのです。」

　私は29歳でティーチング・アーティストの仕事をはじめたのですが、その最初の日に、アーティストリによって活性化させるというアートの動詞と

図6：コミュニティ「光の川」の提灯行列。アメリカ（バーモント州）のウォーターベリー。ティーチング・アーティストのゴウリ・サボールの構成・指導による。
写真：著者提供

図7：ニューヨークのエピック劇場アンサンブルで。リミックス・アクティビティに参加する学生たちを指導するティーチング・アーティスト（共同芸術監督）のメリッサ・フリードマン。
写真：著者提供

図8：ニューヨークで行われたエピック劇場アンサンブルのリミックス・プログラムを指導するシャビエル・パシェコ（リミック）監督。
写真：著者提供

してのはたらきを目の当たりにしました。その頃の私はまだブロードウェイの芝居に出演していました。ちょうどその同じ日の日中は、リンカーン・センターのティーチング・アーティスト養成プログラムを受けていました。何度か失敗をしながらも研修を終え、南ブロンクスの4年生のクラスを担当する仕事を任されたのです。そして学校の教師との入念な打ち合わせも済ませました。初回の授業日は早めに到着し準備を整えました。2階の廊下を通って、教室に向かう途中、私はブロードウェイのステージを歩くより、ずっと緊張していました。廊下の床に小さな瓦礫の破片が落ちているのを見つけました。上を見ると、天井のペンキと石膏が剥がれ落ちていました。そのとき「昨晩、何者かが学校に侵入して、教室の壁に人間の排泄物を塗りたくったせいで、授業はすぐにははじめられない」と、担任の教師から聞かされました。教師と私は、生徒たちが静かに見守る中、バケツとスポンジで壁の掃除をはじめました。生徒たちはとても悲しそうで、意気消沈してしまっているように感じられました。アートを学ぶ環境として、私が想像できる最も屈辱的な場所だと思いながらも、授業を開始しました。

　私の授業もひどいものでした。意図したことはよかったのですが、基本的なスキルはまだまだでした。6回の訪問のこの最初の授業の目標は、子どもたちに自分にとってのヒーローを選んでもらい、そのヒーローのお面を紙皿とクレヨンでつくり、姿勢やジェスチャー、声を付けて、発表するというものでした。子どもたちは、私が持参した割れたクレヨンと薄っぺらい紙皿を使い、きわめてシンプルなお面をつくりました。それは、自分たちの本当の「すごい面」を投影する作業でもあり、それを楽しんでいるようでした。各自が自分たちがつくったキャラクターを発表することになりました。すると一番小柄な生徒が、最初に手をあげ立候補したのです。授業をしている間中、身体の大きい生徒が数人、彼を嘲笑したり、いじったりしていることに私は気づいていたので、彼が最初に立候補するとは、夢にも思いませんでした。経験の浅い私でさえもが、彼が一番バッターで発表するのを止めさせるべきだと直感しました。しかし彼は前に出てきて、赤いマークが付いた紙皿を空高くしっかりと掲げ、「アベンジャー（復讐者）！」と叫びました。一番大柄のいじめっ子は彼のパワーに圧倒され、一歩後退りしながら静かに

「ウォー」と口から声をもらしました。

　これこそがアートの力ではありませんか。振り回されてばかりいた彼から
パワーが放たれ、それをいじめっ子に感じさせた結果、目に見える反応が引
き起こされたのです。紙皿を使ったこのきわめて単純なアートづくりのイベ
ントは、たいへん未熟なものではあったにもかかわらず、子どもたちの演劇
能力と強い意思によって、現状をも動かすインパクトのあるものになりまし
た。私はその瞬間、「昼ドラやコマーシャル、それにブロードウェイで同じ
芝居を週に8回演じる、ニューヨークでの私の役者人生にはない、真の力の
源泉がここにはある」と思ったことを思い返します。動詞としてのアート
を活かした輝かしい人生を歩みたいとそのとき、強く思いました。こうして
私は、アートの動詞としてのはたらきと、それによる変化に立ち会ったこと
で、「もっとやりたい」と思いました。そしてその後数十年間も、これに浸
りきっているのです。

ティーチング・アーティストリの基本原則

　コミュニティや学校などで活動をするアーティストに、ティーチング・
アーティストにとって大切な要素は何かを尋ねた場合、彼らはその答えを
30くらいは挙げることができるでしょう。しかしその中で最も大切なこと
を、5個以内に絞ってもらおうとすると、なかなかうまくいきません。ある
ティーチング・アーティストが5つ挙げたとしたら、別のティーチング・
アーティストは違う5つを挙げることでしょう。これでは、この分野の礎
を築くことはできません。そこで2013年、私はアメリカと世界に向けて、
ティーチング・アーティストリに必要な6つの基本原則を提言しました。そ
の後この6つで本当に大丈夫かどうか、10年以上かけて耐久テストを行な
いました。この原則はリンカーン・センター・ティーチング・アーティスト
開発ラボ（2015-2019）で活用され、今でも広く一般公開しています。多く
の合意のもと、次に挙げる6つがティーチング・アーティストリの基礎を形
成する傾向、知力、能力、行動の習慣だと断言することができます。

アーティストリを活性化させる

　ティーチング・アーティストの第一の仕事は、他者のアーティストリを活性化させることです。一度これが活性化されると、その人間発電機（個人、グループどちらでも）は、幅広い目的を達成することができるように導かれます。

創造のプロセスに熟練している

　終着点はありますが、すべてが長い旅の途上にあるのです。私たちはまず初動し、他者を導き、創造プロセスの宝箱や玉手箱を開きます。当然、最終的にできあがる作品も、他のクリエイターと同じように大切にします。なぜなら、それをつくるプロセスにおいて、意欲と集中力を駆り立てるはたらきがあり、多くの幅広い地域社会や観客との接点をつくるからです。しかし彼ら・彼女たちが得意とするところは、プロセスにおいてすばらしさを発見し、その中で喜びを見出だすことにあります。

安心して挑戦することのできる場をつくる

　私たちが創造するのは、参加せずにはいられないような居場所です。それは、特別な場所であり、（緊張感があるけれども安心していられるという）パラドクスでさえあります。参加者は、歓迎され、楽しく、おそれることなく、挑戦することができます。そこは元気になる場所で、喜びに満ち、参加者それぞれの文化的バックグランドも配慮されています。私たちはどんな参加者に対しても、このような場をすぐさま用意することができるのです。今一度、この一文を読み直してみてください。考えてみると、すごい能力だと思いませんか。

物事に対する探究力が強い

　私たちは制作物の管理はしません。私たちは探究のガイド役をします。クリエイティブ・エンゲイジメントとは、ティーチング・アーティストがファシリテーター、ガイド、同僚になって、ともに探究する学びのプロセスです。私たちはすばらしい発見ができるように、お手伝いをします。そのため

には、先入観や偏見をなくし、振り返り、想像性と驚き、柔軟な質問、複数の視点、失敗、修正でもって、学びのプロセスを豊かなものにしています。私たちは、みなさんの関心や好奇心からはじめ、それらが生涯にわたる思考の習慣になるように導きます。

真摯な自分自身であること

私たちは「教えることの80％はあなた自身である」という、いわゆる80％の法則を規範にしています。私たちの一番の影響力は、アーティスト自身が参加者といっしょにその部屋にいて、プロジェクトの中でリアルタイムに起こっていることを、率直に見た

❖教えることの80％はあなた自身である。

り、反応したり、発見したり、つながりを創造したりすることから発しているのです。このような場においてこそ、アーティストリが実際にどのようなものであり、感じられるかを、参加者が最も多く学ぶことができるのです。

私たちはすべての選択と行動において、好奇心にあふれ、積極的なアーティストという自己を体現し、参加者とは、アーティストどうしが再発見しあうという関係性を保つことに努めています。これは厳粛で時には疲れる仕事なのですが、参加者の人生を豊かにするように、私たち自身の人生をも、常に豊かにしてくれるのです。

新しい意味ある世界を想像する

私たちは「より良い」を求めています。私たちは理性を超えた不思議な体験にも、すぐさまアクセスすることができますし、それを他者に開示することもできます。私たちは文字通りの答え、「ありきたりの」答え、正しい答え、標準的な解決、よくある意見や判断にとどまらないで、世界を別の方法で見れるようになることを、常に切望しているのです。そして、その新しい世界実現に向けて活動を続けるのです。

なぜティーチング・アーティストリのことを
知っている人は少ないのですか

　これまでのティーチング・アーティストリの話を読んで、なんてすばらしいのだろうと思われたのではないでしょうか。ただ、この専門領域には問題があります。

　この専門領域がほとんど知られていないのです。アート関係者の間でも、多くの人がこのような職業があることを、知りません。またどのようにキャリアを積めば、スキルを向上させることができ、それに見合った、しっかりとしたキャリアを積むことができるのか、そのキャリアパスもあいまいです。ティーチング・アーティストの仕事の質は高い場合が多いですが、質の管理は組織化されていません。すべてのティーチング・アーティストが基礎となるスキルを身につけているわけでもなく、これまで私が述べてきたようなことができるとも限りません。

　とりわけ、ティーチング・アーティストとして生活していくのは大変です。よく知られているように、スターをもてはやすこの業界は、その他おおぜいの多くのアーティストの持続的なキャリアをサポートするようにはできていません。ましてや、ティーチング・アーティストや、社会から見捨てられた個人やコミュニティとのつながりを大切にする活動を、サポートするようにもできていないのです。

　ティーチング・アーティストリの知名度が低い主な理由は、資金面のサポート体制がないことです。このことが私自身の職業人生の中で、最も残念なことでした。資金の提供者はティーチング・アーティストがなし得ることに、確かに関心を寄せ、ティーチング・アーティストが確実にすばらしいものを届けてくれる多くのプログラムには、何十年にも渡って毎年支援してくれています。しかし、ティーチング・アーティストが増えて、もっと多くのことができるようになるためにと、ティーチング・アーティストの育成に投資してくれる人がいないのです。

アメリカの「グラントメイカーズ・イン・ジ・アーツ」（GIA）は、アートを大切にする愛すべき資金提供者が集まる支援団体です。何年にも渡るロビー活動を経て私は、アメリカのティーチング・アーティスト分野への資金提供に関する「ワン・デイ・サミット」を、GIA に開催させるまでにこぎつけました。15 人ほどの多額資金提供者が、アメリカ全土から飛行機に乗ってセイントルイスの町に集まり、シニアティーチング・アーティストやプログラム制作者と会うことになりました。これは一生に一度の類まれな機会だということを、重々承知していた私たちは、できる限りの準備を整えました。ウォームアップと導入のプレゼンテーションの後、本格的な議論がはじまりました。資金提供者は自分たちが支援する多くのプログラムの目標達成には、ティーチング・アーティストの力が欠かせないと、言ってくれました。支援するすべてのプログラムにティーチング・アーティストが不可欠だと言う人もいました。自分たちが頼りにしている人たちの育成、発展、そして維持には、ほとんどお金を出していないことを、資金提供者たちは認めました。こうした発言に、私は明るい展開を予感しました。しかし、なぜ支援をしないかと問うと、資金提供者たちからは、曖昧な返事しか返ってきませんでした。その説明は彼らにとっても、説得力のないものでした。「ハイブリッドな仕事なので、我々の資金援助の対象外になってしまうからです」「ティーチング・アーティストは学校を活動場所にしています。我々は、コミュニティと社会的な効果への支援はしますが、学校への支援はできません」（私：「ご存知のように、私たちは学校だけで活動しているのではありません」資金提供者たち：「承知しています。ただ、我々の財団にはその区別はつかないのです」）「我々役員会は、アーティストを個人的に支援したいのではありません。彼らがいくら革新的な仕事をしているとしても」資金提供者たちはバツの悪そうな表情を浮かべました。会議が終わりを迎えようとしていた頃、私たちは、現状の間違っていて、非生産的で、基本的には馬鹿らしい点を認め、変えていく方法を挙げてほしいと、彼らに攻め寄りました。

　しかし、形だけの提案が挙がっただけで、それすらも実現させようとする気も感じられませんでした。その日が終わり、イベントはまったくのインパクトも効果もなく終了しました。ポジティブな変革の力を枯渇させてしまう、なんとつまらない官僚的な言い訳でしょうか。

なにができるかを想像してみてください

　ティーチング・アーティストを十分にサポートする社会の体制が、整ったと仮定しましょう。もしそのような状況になったとしたら、どんなことができるようになるのでしょうか。私の空想では私の母国アメリカでのことをイメージしましたが、世界中のどこにでも起こりえることです。

社会的処方

　社会的処方というのは、医師がアーツの活動を健康向上の目的で処方することができる仕組みです。イギリスではすでに行われていて、アメリカでもパイロット・プロジェクトが芽生えはじめています。なぜなら、効き目があるからです。アーツに関わることで、さまざまな身体や精神の疾患に対して、副作用もなく、安価で、処方薬と少なくとも同じくらい効果があるからです。孤独や近しい人を亡くしたことが原因で発病した軽度な鬱症状の患者に、医師は粘土彫刻のワークショップに参加する処方箋を出すかもしれません。関節炎の人には、水中ダンスのクラスを処方するかもしれません。アメリカのすべての出産クリニックで「ララバイ・プロジェクト」を取り入れるのもよいかもしれません。もし、このような処方箋がアメリカで健康保険を適用できるようになったら、ティーチング・アーティストはさまざまな医療疾患に対処するためのワークショップを、巧みにデザインし、提供することができるでしょう。そうすれば、この国はもっと健康的で幸福になり、個人も政府も保険会社も、今、薬代に使われている何十億ドルものお金を、より効果のある治療にまわすことができることでしょう。

クリエイティブ・コーチとして
ティーチング・アーティストを学校に派遣する

　公立の学校という制度は、複数の危機に陥っています。学力格差、生徒の

意欲低下、高い中途退学率、マナーの問題に加え、教師の挫折と消耗など、挙げたらきりがありません。教育者の多くはすでに知っていることでしょうが、何かに熱中している生徒の方が、よりよく学び、人とよりよく協力しあって、結果的に勉強が好きになる傾向があります（より厳密に言うならば、学校という環境に再び戻り、勉強することが好きになります。どんな生徒でも、自分が興味のあることの学習は楽しいと感じるからです）。しかしながら、学校という産業と学校の役員会は、時代遅れの指導法やとてつもなく退屈な学校生活に、固執しているのです。もし学校の役員会が、世界一学力の高いフィンランドのように、生徒の参加を優先すれば、教育や社会の問題は減少するでしょう。すべての学校にティーチング・アーティストを学校の教師を補助するクリエイティブ・コーチとして派遣するならば、カリキュラムの内容を考え直すことができます。実際にバーモント州にあるコミュニティ・エンゲイジメント・ラボ（Community Engagement Lab）[28] は、10年程前からクリエイティブ・コーチの派遣を実験的に行っていて、ティーチング・アーティストがこうした仕事をする全国的な先行事例となっています。そこでの成果は、私たちの生徒、教師、学校、コミュニティにとって、数字で表せないほど大きいものとなるでしょう。

ティーチング・アーティストのチームを
災害にみまわれた地域、避難民、難民キャンプに配置する

　大規模災害の対応活動では、必ずティーチング・アーティストを対策会議から参加させ、被災者のいる現場に派遣すべきです。すべての難民センターには、入居者といっしょに活動するティーチング・アーティストが必要です。個人あるいは家族の入居期間が、たとえ短かったとしてもです。その理由は、もうおわかりだと思います。回復するということは、生存に不可欠なもの、すなわち居住場所や物資を確保することだけに、限らないからです。生活が一変して、恐ろしい経験をしたその多くの人たちには、一人ひとりがアートと関わることで得られる、癒しが必要なのです。クリエイティブ・エンゲイジメントによる「フロー経験（自分を忘れて没頭すること）」とは、本質的には癒しの経験です。初期段階の生存に必要な物資と安全が確保でき

た後に必要とされるのは、住むところを失った人びとが、定期的に創造的な表現活動をして、安寧を取り戻し、つながりをもち、人間性を回復したことに満足することなのです。ティーチング・アーティストが届けることができる美との関わり合いが、彼らには必要なのです。まだ多くはないのですが、いくつかの難民センターで、ティーチング・アーティストによるワークショップが実施されています。関わっているスタッフは、その効果がいかに大きいものであるかを、異口同音に語ります。スウェーデンの「ドリーム・オーケストラ」（前述）について、読んでみてください。ひとりでスウェーデンに向かわなければならないという不安な旅を体験した子どもたちが、オーケストラに参加することで、新しい家族ができたという話が書いてあります。戦争、武力対決、強制退去といった状況下での「国境なき音楽家たち（Musicians without Borders）」の意義ある仕事を、ほめてあげてください[29]。「アートが酸素となった（Art Became the Oxygen）」[30]というのは、（政府機関ではなくコミュニティ・アーティストの団体で、「連邦政府が閣僚ポストをつくらないのならば、自分たちでつくってしまいましょう」といって設立された）米国芸術文化局（U.S. Department of arts and Culture）[31]が発行している報告書です。ここにはこのテーマに関連することがたくさん示されています。

アート・エンゲイジメント事務所を設置する

　国連、世界銀行、国際通貨基金、国際救済委員会、世界健康機関、子ども防衛基金、国際赤十字と赤新月社連盟などやそのほかの機関や組織の一角に、アート・エンゲイジメント事務所を設置します。私の（想像の）目には、「クリエイティブ・エンゲイジメント代表部」とドアの表札に書かれているのが写っています。ティーチング・アーティストが常に組織の内部に存在することではじめて、個人の普遍的なアーティストリが、多くの小さな、しかしそれほど小さくはない方法で、プロジェクトの改善に力を発揮することができるのです。

教員養成課程にティーチング・アーティストリを必修科目とする

　新任の教師のすべてが、しっかりとしたクラス運営をしつつ、クリエイティブ・エンゲイジメント（創造的参与）の楽しさとそのパワーについて学ぶことができた

❖生徒が定期的に、創造的で面白いプロジェクトに参加することができたなら、教室での問題行動のほとんどがなくなるでしょう。

ら、どんなにすばらしいことでしょう。生徒が定期的に、創造的で面白いプロジェクトに参加することができたなら、教室での問題行動はほとんどなくなるでしょう。これが真実だということは、これまで若い人たちと関わったり、あるいは自分自身が若かった頃のことを思い出したりすれば、当然わかることでしょう。州が定めているカリキュラムを変えろと、言っているのではありません（できるようでしたらやってください。いずれにせよ幸運を祈ります）。教えることになる教科（その教科がなんであっても）の内容を伝える方法を学ぶときには、生徒一人ひとりの意欲を引き出す方法も、身につけてもらいたと、私は言いたいだけなのです。

ティーチング・アーティストの要件を職業訓練に取りいれる

　医療、治安維持や刑事司法、経営学修士（MBA）、公共政策、政治学と法律などの職業訓練に、ティーチング・アーティストの要件を取り入れます。それは、アーツを教えること自体が目的なのではなく、それぞれの職業において、創造性が活性化され、曖昧さを許容し、省察することを習慣にし、人間味ある交流を促進するためです。そうした特性は、アーツの世界でも必要です。例えば、指揮者、舞台監督、ビジュアルアーティスト、振付師、アート事業者などの多くの人たちが、ティーチング・アーティストリを学びに取り入れることができたら、どんなにいいだろうかと、私は感じています。彼ら・彼女たちがアーツを習得する訓練の心の習慣とともに、ティーチング・アーティストとしての心の習慣を持つならば、アーツの世界は、今までとは随分と違った価値を、広く大衆に届けることができるでしょう。

　次のような愚痴をいく度となく、聞かされました。「おかしいと思わない？

どうして一般の人は、オペラ、バロック音楽、マース・カニンガムのダンス（などなど）が好きになれないのかしら。好きになるべきだ。おかしいんじゃないのかな」

いいえ、それは違います。～すべきという類のことではありません。自分たちにとって、本当に関係があって、価値があるものだとわかれば、人々はチケット買ってくれるでしょう。一般大衆との関係を変えるには、ティーチング・アーティストの考え方が必要です。そしてそれは証明済みなのですが、優先されていないだけです。

参加型アーツフェスティバル

偉大なアーティストを目玉にしたフェスティバルだけでなく、良きガイドのもと、すべての人が参加することを主眼にしたフェスティバルをつくってみませんか。バーニングマン［訳注：バーニングマンは 1986 年から、ネバタ州のブラックロック砂漠で開催されているイベントで、参加者がさまざまな方法で自己表現することを目的としている］の活動はこれを体現したものです。

このフェスティバルでは、まねることができる人はほぼいない偉大なジャズ奏者の演奏を、私たちは楽しみます。

しかし、ティーチング・アーティストの上手な指導があれば、私たち全員がジャズに入り込み、とても楽しい時間を過ごすこともできますし、このようなことを経験した人は、偉大なジャズ奏者の演奏をより深く理解できるようになることを、私は保証します。これがどのようになるのかについては、本書の 93 頁に示した私の実践例を、参照してください。

アメリカの新連邦政府 WPA（公共事業促進局）

1930 年代のニューディール政策期に失望した人びとを、文字通りの経済の落ち込みと隠喩的な意気消沈（depression）から救うために、公共事業促進局はあらゆる分野のコミュニティ・プロジェクトに関わるアーティストを雇用しました［訳注：原文の "depression" の語は恐慌と鬱という両義がある］。彼らの影響力は絶大でした。今日のティーチング・アーティストが、そのときのように活動する姿を、想像してみてください。地域の環境問題や健康課題

と向き合い、田舎町に活気を取り戻し、犯罪率の高い地域や未成年犯罪の更生施設に常駐することで、犯罪や実刑判決を減らし、見過ごされがちな公務員の仕事に敬意を払い、正当に評価するのです。

　いっしょに夢みてください。何人かの同僚、とりわけ執筆家／活動家のアイリーン・ゴールドバードはこのような考え方について、文章を書いていますし、過去10年の間に、民主党員で構成されるサークルが、実際に政策案を俎上（そじょう）に載せています。この考えがはじめて実現したのが、アーツ教育を必要としている学校に、新卒のティーチング・アーティストを派遣する国の奉仕プログラム、「アーティスト・イヤー」[32] なのです。

平和構築

　アーティスト交流が、政府による国際間の緊張緩和や親善交流として使われることが、しばしばあります。

　ティーチング・アーティストが主導して、個々の敵対グループをつなぐプロジェクトはどうでしょうか？

　例えば、パレスチナとイスラエルの演劇アーティストによる「平和を築く戦闘員 Combatants for Peace」[33] のような実践をしてみませんか？

　ティーチング・アーティストの交換制度を発足させ、文化をまたいで「自分たちが大切にするものづくり」をする地域住民と関わり合うのは、どうでしょうか？

　北朝鮮やミャンマーなどの閉ざされた国にティーチング・アーティストを派遣して、その国の市民のスキルを活かして、人間として普遍的なものづくりをすることを、想像してみてください。

　国際社会がつくる「創作部隊 Creativity Corps（「平和部隊 Peace Corps」[33] のように）」も、おそらく国連主導なら実現可能でしょう。

大きな投資をどう使いますか

　次の5つは、もし幻の資金提供者がこの領域の開拓のために大きな投資をしてくれた場合に、できることです。

1. 良質なデータを収集する

　アメリカでのティーチング・アーティストリに関する全国調査は2011年の一度きりで、その他は、「アート・ワークス・アライアンス ArtWorks Alliance」がイギリスから出しているデータのほか、この分野に関する情報がちらほら散らばっているだけです。

　支援があったならば、より多くの情報収集をし、この分野の礎を強化することができます。プロで活躍するティーチング・アーティストがおおよそどのくらいいるのかすらも、わかっていません。アメリカには1万人いるという人もいれば、3万人いるという人もいます。世界中には3万人いるという人もいれば、10万人いるという人もいます。資金があれば職業訓練の場所、主だったプログラム、先行研究（事例）を一覧表にまとめることができるでしょうし、ティーチング・アーティストが関わったプロジェクトの成果を学術的に調査できます。相当な量の基本データを収集することで、この分野の専門性を高めることができます。アーカイブや過去の優れたプロジェクトの記録を掘り出すことによって、真実を明らかにするとともに、関係性を築くことも可能になります。

2. より早い段階にティーチング・アーティストとしての
キャリアパスを示す

　この分野へ入るための確実な進路はありません。ティーチング・アーティストのことを大学卒業前に知る機会を得る若いアーティストは、ほとんどいません。社会に出てはじめて、自らが受けてきた教育がどれだけ偏っていた

かに、気づくケースが多いのです。彼らの怒りの声を、いく度となく聞いてきました。「どうして、卒業する前に、教えておいてくれなかったのだろう。今となってはじめるのはかなり大変。」

　私は夢見ています。ティーチング・アーティストリへの導入の資料をつくって、すべての若い有望なアーティストに届けることを。若手アーティストを育成する団体とパートナーシップの協定を結び、オリエンテーションのある週に、若いすべてのアーティストが必ずティーチング・アーティストリについて知ることができるようにすることを約束してもらいます。この資料があることで、アーティストのこれからのキャリアが幅広く、より多くの影響力（そしてより多くの収入）をティーチング・アーティストリの世界にもたらす種をまくこともできるのです。彼らがどんな未来を築くことができるか、「新しい細胞」が育つ初期段階に示すことが大切です。パートナーシップは供給のためだけでなく、需要のためにもあるのです。そしてパートナーシップは、アート以外の分野からの需要を活性化させる、唯一の方法です。と同時にアドボカシー（宣伝）は、ティーチング・アーティストの認知度を上げ、その実践効果を広めるのです。

　非アートの組織団体向けに強力な導入の資料が必要です。そこには、それら団体がどんな機会を逃しているかがわかる、貴重で強烈な印象の体験談、ティーチング・アーティストに何ができるのか、ティーチング・アーティストといっしょに仕事をすることにより、どのようなことが成し遂げられるのかが、示されるべきです。

3. 継続的な発展の支援を行う

　講座を適切に構成してシリーズ化すれば（オンラインでも対面式でも、あるいは両方で）、ティーチング・アーティストの活発な活動に、磨きをかけることができます。オンライン学習は最善とは言えませんが、良い面もあります。

　考え得る 10 講座を挙げてみました。遠慮せずに挙げた講座は次の通りです。

i　上手なはじめ方

ii　活動の掘り下げ方

iii　教育現場でのティーチング・アーティストリ

iv　特殊な環境での活動

　　（例：障がい者や高齢者対象 / クリエイティブ・エイジング）

v　ティーチング・アーティストリの社会的影響（これは実際 ITAC に存在する講座。最初の 6 週間に 296 名が申し込みをしました。）

vi　起業家としてのティーチング・アーティスト

　　（資金調達の仕方についてなどを含む）

vii　健康とウェルネス領域との連携

viii　社会の正義と民主主義の理念を目的とした活動

ix　ティーチング・アーティストリの有能な広報大使になる方法

x　リーダーシップ：この領域を大小さまざまな方法で牽引する能力開発

4．モデル事業を起こす

　人びとが実際に足を運んで、見て、感じることができるモデルとなるプロジェクトは、アドボカシー（宣伝）に最も有効です。音楽による社会変革プロジェクトであるベネズエラのエル・システマのプログラムを、世界がどう受け取ったか考えれば、それが真実だということがよくわかります。システマのトップレベルのオーケストラは、世界中のコンサート・ホールで、感動的な演奏をくり広げました。そしてそれを実際に聴いた人の多くが、どんなことをなし得るのかを、実際に感じ取りました。エル・システマベネズエラが制作したビデオや文面のアーカイブは、たくさんあります。しかし文章では、人をあまり感激させることができません。また、アーカイブの量が多すぎるので、調べるのも大変です。エル・システマの創設者ホセ・アントニオ・アブレウ（1939-2018）は、支援者に対して確固たる方針がありました。「活動をまず見に来てください。その後に話しましょう」この言葉が私の考えかたを変えました。ベネズエラを訪問する前は、私はこの活動に対して懐疑的でした。しかし、実際に目の当たりにした瞬間、アーツの歴史を飾る並々ならぬ偉業を見ていることに、気づきました。その後のアブレウ氏との

話は、当初予定していた内容とは、だいぶ違うものになりました。

　よい例となる活動を実際に体験することが、いかに大切かがおわかりになったかと思います。そうすれば、次のような質問にも自ずと答えが出るでしょう。「優れたティーチング・アーティストリとは、どのようなものでしょうか？」「アーティストの人材育成は、どのようなものでしょうか？」「クリエイティブ・エイジングの良い事例は、どのようなものでしょうか？」「難民キャンプのコミュニティでは？　病院や刑務所では？」

5.　開発チームを発足させる

　専門家を雇ってチームを結成し、次の３つに従事してもらいます。

1）　ティーチング・アーティストによる企画、あるいはそれを含む申請を受け付けている資金団体を調査し、その情報を発信をします。
2）　資金提供者に対してアドボカシー（宣伝）をして、いっしょに想像します。資金提供者がティーチング・アーティストについて考えることは、ほぼありません。従って、こちらからティーチング・アーティストが貢献できることを明らかにし、ティーチング・アーティストという言葉を助成金の説明文に入れてもらいます。
3）　使命感のある団体組織とパートナーシップをむすんで、団体の掲げる目的を達成するために、ティーチング・アーティスに、ユニークで、パワフルな方法で貢献できることを知ってもらいます。

　これまでどれほど門戸が硬く閉ざされていたか、そして小さなすき間ひとつが、どれほど大切なのかということを示す例を、紹介しましょう。国連の「持続可能な開発目標（SDGs）」にティーチング・アーティストの活動がどのように寄与できるかを説明するために、私の妻トュリシア・タンストールは、ワシントンD.C.の世界銀行本部に招かれました。彼女の発表を聞いた人びとは、その展望に大きな期待を寄せました。半日の終わりに、管理職のひとりが彼女に言いました。「私は25年もの間、何百万人の生死が掛かる重要なプロジェクトに関わってきました。しかしアーツがそれに貢献すること

ができるなど、これまで一度たりとも考えたことがありませんでした。」道
のりはまだ長いのですが、ティーチング・アーティストリが貢献できること
は、まだたくさん残されています。しかし、閉ざされた扉の後ろからでは、
どうにもならないのです。

第２部
ティーチング・アーティストの手法と指針

第2部では、ティーチング・アーティストは「どのように」実践するのか、その方法と目標について掘り下げてみます。教育に携わるみなさんは、このガイドラインが教育一般に通ずるものであることに驚かれることでしょう。まったくその通りです。優れた教育スキルがアーティストの能力や知識と混ぜ合わさることで、ティーチング・アーティストリが生まれるのです。ジョージ・バーナード・ショウはよく知られているように、「できる人は実践する。できない人が教える」という皮肉たっぷりの言葉で教師を侮辱しました。私に言わせれば、こうなります。「できる人は実践する。ふたつのことができる人がティーチング・アーティストである。」

　掘り下げていく前に、少し前後関係を整理するために、お話をしておきます。何年も前に、テレビのモーニングショーで元気いっぱいのホストにインタビューを受けた際に、私はプロとして恥ずかしい思いをするはめになりました。インタビューの終盤で、ホストがこう言いだしたのです。「エリックさん、あと数分だけ時間があるので、アートとエンターテイメントの明白な違いについて、短くまとめていただけますか？」

　私はどう答えたらよいか、まったくわかりませんでした。私はパニックになってしまったので、よくある手かもしれませんが、あまり意味がないにしても、とっさに思いついたことで攻めることにしたのです。私を救ってくれた戦略は、おぼろげに思い出した、前に誰かが言ったことでした。「テレビの生放送中にもし答えに窮したら、とにかく何でもいいから喋り続けなさい。そうすれば、自分の言い残したことがその後ずっと呪いのように追いかけてくることはないから。」もうこれしかないと思いました。ですから、2分間延々と意味のないことを、ダラダラと話したのです。しかも休みなしにです。

　こんな目に二度とあわずに済むように、そのあとすぐ私は、この質問への答えをもう一度考えてみました。アートとエンターテイメントが明らかに違う点は、どこにあるのでしょうか？　なぜエンターテイメントはいたる所にあって、アートは稀少で崇高なものとされるのでしょうか？　私がたどりついた答えはなかなかいいものでした。両者の違いは、あなたが見ている「物」には存在しません。アートとエンターテイメントは、相対するものではありません。それは例えば、よい会話とすばらしい会話が相対する物では

ないのと同じです。

　エンターテイメントは、自分がすでに知っている範囲で起こっていることの経験であるという、特徴があります。笑う、泣く、喜ぶ、怖がるなど反応はさまざまであっても、エンターテイメントでの経験というのは、世界はこうである、こうなるべきであるという、私たちの感覚を承認することなのです。能力のある人たちは、多大な努力でファッションのエンターテイメントを作り上げ、私たちの個人のものの見方を承認してくれるので、大きな安心感があります。そして、私たちはそれに対して多くのお金を支払います。

　一方、アートは自分がすでに知っている範囲の外で起こるのです。アートを経験するということは、世界はこうであるかもしれないという、新たな感覚が得られるということです。可能性に対する感覚を押し広げる経験こそが、アートを経験するということなのです。アートは動詞です。世界がこうである、こうかも知れないという感覚を新たに得るには、想像力が必要です。それは、創造的な行為なのです。それにはアーティストリが必要です。そして、すべての人が持ち合わせているアーティストリを活性化させる専門家が、ティーチング・アーティストなのです。

　私がお伝えしたいアートの経験の定義というのは、自分がすでに知っている範囲を超えて、自分なりの新たなつながりを見つけて広げていくことです。もうお気づきと思いますが、この定義は学びの定義、つまり、すでに知っていることを超えて自分のものとしていくことと、ほぼ同じなのです。これでティーチング・アーティストという用語の意味が、正しくわかりましたね。実際のところこの用語は［訳注：教えると学ぶという意味を兼ねそなえた］冗長な表現なのです。

ティーチング・アーティストの手法

　ここで、世界中のティーチング・アーティストが使っている手法を紹介しましょう。ティーチング・アーティストという言葉さえ聞いたことがないけれども、地域や学校で長年仕事を続けている人たちの話も、ここでは取り上げます。ティーチング・アーティストがすべての手法をいつも使っているわけではありませんが、ティーチング・アーティストの活動対象である幅広い参加者、そして広範な目的のために、いつもこの方法を準備しています（目的については、手法の後でお話しします）。

　個人で活動しているティーチング・アーティストは、自分なりのスタイルでこの手法を使っています。どんなプロジェクトでも、新しいアイディアといつもの間違いのない定番の方法を取り混ぜながら、その場に見合った手法を編み出しています。毎回、アクティビティの組み合わせは、目的、対象者、状況を考えて、ちょうどよいものでなくてはいけません。

　ティーチング・アーティストにとって大切なのは、80％の法則を守るためにも、毎回新しい素材を試していくことです。覚えているでしょうか？　あなたの教える80％は、あなた自身なのです。新しい素材を毎回試すことで、ティーチング・アーティストは参加者にまねをしてもらいたい冒険をしながら、好奇心を持つ姿勢を身をもって示すことになります。ティーチング・アーティストは、毎回うまくいくおしゃれなワークショップを次々に成功させているわけではなく、参加者を巻き込みながら、意味のある探求をくり広げているのです。「世の中に変化を求めるなら、あなた自身がその変化そのものになりなさい」という言葉［訳注：マハトマ・ガンジーの言葉］をティーチング・アーティスト風にいうと、「参加者になって欲しいと思っている冒険的な学び手に、あなた自身がなりなさい」ということになります。

　ティーチング・アーティストリの実践的なガイドラインのいくつかを、見てみましょう。

74

準備をしたら黙る

　ティーチング・アーティストは分かりやすく聡明な方法でチャレンジを用意したら、多くの指示はせず、創造的な活動が自然に起こるのを待ちます。こちらが話したり教えたりするよりも、参加者の創造的な活動が学びを生むからです。アクティビティがうまくいくと、やってみたいという衝動が起きて、参加者の興味や能力にぴったりあったチャレンジにつながります。アクティビティを用意する際には、「芸術」という言葉をあまり使わないようにします。この言葉につきまとうエリート感や立派な建物のイメージに加え、参加者自身が生まれながらに持っているアーティストリを認識してもらう仕かけが、機能しなくなる可能性があるからです。私はよく「自分にとって大切なものを作りなさい」と伝えます。これは、どんな分野であっても、アーティストリを発揮しようとする際に、やっていることなのです。ティーチング・アーティストはチャレンジの準備をしたら、参加者自身がバトンを受け取り、走りだせるようにしましょう。

速度を上げるために、ゆっくりする

　先にお話ししたシェイクスピアの韻律分析で使った方法です。参加者が時間をとって、与えられた題材に自分なりの場所を見出すことができれば、まず体験から心をつかみ、内的モチベーションへの入り口となる好奇心やアーティストリを活性化させることができます。内的モチベーションは長い目で見れば、より大きな学びや成果につながります。強制的に、または決まりごととしてやるのとは、大違いです。

知識より体験を

　ティーチング・アーティストは知識や説明を前面に出しません。まず、創造的なチャレンジでもって参加者を題材の世界にエンゲイジ（参与）させます。そして、参加者がこの創造的な誘いを受け入れて、それがうまくいって、大切と思えるものを創りだせれば、このチャレンジに没入して、もっと知りたいと思うようになるでしょう。必ずそうなるものです。みなさん自身の人生経験からもわかるでしょう。ささいなことでも興味のあることをやり

遂げたときには、新たな疑問やアイディアが浮かんできて、誰かに話して、さらに考えたくなります。知識は共有され、好奇心に応えるために探究されるのです。好奇心は教えるきっかけとなるのです。好奇心に応じて知識が共有されると、知識は深く、長く記憶に留まるのです。こうした知識というのは、題材を「とりあげる」という意味ではなく、関連性、関心、モチベーションを深めるということです。ですから世界中の教育者のみなさん、あなたが最初に没頭すれば、参加者をエンゲイジ（参与）させ知識を与えるゲームに勝利することができます。「ハビッツ・オブ・マインド研究所」の共同設立者であるアーサー・コスタは、「脳が理解するには、まず心が聴く耳をもたなくてはならない」と言っています。

個人の関心を最優先する

　参加者が大切だと思っていることを基礎にして、注意深く活動を組み立てていれば、活動が円滑に行われ進展することを、ティーチング・アーティストはよく知っています。参加者が何を大切にするべきかを、わたしたちがいうことはできません（このようなことは教育やアートでの世界では広くおこなわれてきましたが、成功したためしはありません）。その人にとって大切なことを気楽に憶測していては、十分なエンゲイジメント（参与）を得ることができません。一人ひとりが、重要で大切なプライベートな世界をもっているからです。参加者をエンゲイジ（参与）させるためには、ティーチング・アーティストはその人たちの意見ではなく、個人的な話や経験を引きだすことからはじめるのです。知識は脳を、話は心を活性化させます。すべてのアーティストが、よいアートは経験、心、感性、精神から生まれることを知っています。これこそが、ティーチング・アーティストが人々を活動に引き込む方法なのです。すぐれたティーチング・アーティストなら、気候変動問題に取り組むグループを相手に活動するときも、自然や気候の一般的な関心事ではなく、そのグループに直接影響を与えている気候に関する課題に、焦点をあてるでしょう。

解釈する前に観察する

　人は誰も自分の意見が大好きです。人は自分の意見を中心にして、自らのアイデンティティを構築するからです。また人は（ソーシャルメディアによって顕著になった衝動なのか）最初で一回限りの反応なのですが、突然に自分の意見を並べたて、自分の好みを表現したりします。しかし意見が森の木のように乱立すると、方向を見失ってしまいます。ティーチング・アーティストは、先入観や判断、一時の好き嫌いといった袋小路から人々を救い、丁寧な観察へと導くのです。これが人にとってどれほど難しいことなのか、驚かされます。私たちは、即座に判断して強い意見を述べることを歓迎するよう条件付けられているので、不確かな状況に置かれた瞬間に不安になってしまうのです。（複雑な問題なのに絶対的な宣告を下す人を見ると、ローマ時代の傲慢な皇帝たちがコロセウムで親指を上げ下げして判決を下して楽しんでいる傲慢な姿を、思い浮かべてしまいます。）ティーチング・アーティストは曖昧さに対する耐性をゆっくり育てていきます。例えば、目の前にあるものを判断したり解釈したりする前によく観察するよう促すのです。心の習慣として観察のスキルをゆっくり育てることを求めて、西洋文化（とソーシャル・メディア）が繰りかえし教えてきた、即時の「意見」に満足することに対抗しているのです。

　もしあなたに興味があれば、勉強してみたくなるかもしれない「対話型鑑賞ビジュアル・シンキング・ストラテジー（VTS）」[38]という実践があります。これは、ニューヨーク近代美術館で30年以上前にフィリップ・ヤノウィンと発達心理学者のアビゲル・ハウゼンにより開発された方法です。美術作品を鑑賞している人に3つの質問をすることで、性急な判断や根拠のない解釈を回避するという、一見単純な実践です。その質問とは、「この作品には何が描かれていますか？」「何を見てそう思ったのですか？」「他にも何か見つけられますか？」の3つです。このアプローチで、観察や発見のプロセスはまったく違うものになります。VTSは医学研修でも応用されていて、前にも述べたように、医師が症状を観察する方法を学ぶのに役立っています。ティーチング・アーティストの研究をしているアレクサ・ミラーが発

見したのですが⁽³⁹⁾、誤診というのは、医師が曖昧さに耐えられなかった結果であって、迅速で権威のある判断をすることに地位（と効率性）があり、たいていの医師は不確かな状況を嫌うのです。ハーバード大学医学部の研究で、ミラーは医学生が絵画を見て、絵画の特徴をゆっくりと注意深く観察することを学ぶ実習を行っています。これによって医学生たちは、この訓練をより詳細な医学上の観察に適用して、患者の症状を多様に、豊かに、賢明に解釈できるようになることを理解するのです。より注意深く、好奇心をもって認識することで、診断の精度があがります。曖昧さに対する耐性は、多くの仕事の場面で生かされます。企業経営者へのアンケートでは、曖昧さに対する耐性は、現代の職場環境では成功につながる鍵となるスキルとされています（同じアンケートで創造性が最も重要なスキルとされています）。今さらながらに当たり前な質問ですが、曖昧さに対する耐性は、私たち個人の生活でも大切でしょうか？　そうだと思ったほうがいいでしょうね。

ステップごとに足場を作る

　ティーチング・アーティストは建設現場からこの比喩を借用して、建物の周りの各階ごとに設置された板を、例えにしています。足場を組むことで、ひとつの階での作業を終えたら、次の階に進むというように仕事ができます。ティーチング・アーティストも足場を組むように、創造的なアクティビティを構築します。ティーチング・アーティストはアクティビティをステップに分割します。それぞれのステップは楽しく興味を引き、達成感が味わえて、興味が高まって心をはずませて、次のステップに行けるようになっています。

　ここで、モーツァルトの音楽がもっとすばらしいと思えるようになることをねらいとした授業での、足場の例をご紹介します。この部分のいくつかのアイディアは、すばらしいティーチング・アーティストであるジュディ・ヒル・ボーズによるものです。ここに謝意を表します。

　よほどの音楽ファンでないと、モーツァルトのピアノ曲はまあ綺麗で、可愛らしく上品な、言ってみれば、手の込んだ壁紙みたいなものです。これから説明するアクティビティでは、まず参加者がモーツァルトの短いピアノ曲

の演奏動画を見ます。これは大して印象に残りません。そこで、ティーチング・アーティストは準備のアクティビティをはじめます。参加者はふたり一組になり、最初のチャレンジとして、ワークショップが行われている部屋を一緒に斜めに横切って歩いてもらいます。Aさんは「面白い歩き方」をして、その横をパートナーであるBさんは、Aさんの歩き方をよく観察しながら歩きます。そしてそれぞれのペアが2回目に歩く際には、BさんがAさんを面白く「伴奏」して歩きます。ペアが何組も歩くのをお互いに見ながら、Bの伴奏方法がさまざまであることを観察して、表にします。例えば、「ついていく」「先に走る」「押す」「高くなったり、低くなったりする」「鏡のように動く」「邪魔をする」といったぐあいです。その後にそれぞれのペアは、60秒以内のエア・ピアノ曲を作り発表します（全員がエア・ピアノをとても上手に、人によっては情熱的に弾いていました）。この作品では、右手がメロディで、左手には先ほど書き出した伴奏方法を、少なくとも3つ使うこととします。パートナーには背中を向けて作曲、練習をした後、今度は向かい合って、お互いのために演奏をします。そこで、パートナーが違う伴奏形を使っていることを確認して、フィードバックをします。このようなことをした後で、15分ほど前に聞いたモーツァルトの曲をもう一回聴いてみると、それは前とはまったく違う素敵な経験となり、モーツァルトの賢いアイディアに、生き生きとした笑いが巻き起こるのです。手の込んだ壁紙が、発見の中心地になり、参加者はもっといろいろやってみたくなりました。

　こうした足場を使えば、数分のうちに参加者たちは、無関心だった状態から魅力の発見へと進みます。このウォーキングのエクササイズによって参加者は優しく促されて、奇妙だが少しばかり興味を感じたチャレンジによって、自分自身の解決を発見し、表現する勇気がもてるようになったのです。快適である状態から少し超えて、楽しさと成功の感覚をもって、各人の選択ができるようになったのです。グループが集めた伴奏スタイルの一覧は、この参加者グループ自身のもので、どこかのモーツァルト専門家のものではありません。エア・ピアノに挑戦したことで、遊び心のある創造性とドラマチックな演奏の瞬間が実現されて、会場には笑いの渦がまきおこりました。しかも参加者は、アーティストのような音楽思考に終始没頭して、モー

ツァルトの選択と直接関連する選択をして、モーツァルトのように選択した
ものを洗練させて、自分なりの工夫をしたりすることで、最初から最後まで
コミカルだが、意図された作品を創作したのです。このように足場が組まれ
たステップのどこをとっても、それ自体が完結していて満足のいくものだと
いうことが、わかるでしょうか？　それぞれのステップでは、次のステップ
と関連する別のチャレンジが準備されており、15分前には想像もつかなかっ
たような、楽しい創作のチャレンジをもっといろいろ試したくなるであろう
様子が、伝わったでしょうか？　これら一連のステップを経験することで、
モーツァルトを聴くことが、まったく違う経験となるでしょう。こうした経
験こそ、私が呼ばれて届けるものなのです。

楽しさを酷使する

　アメーバからシマウマまで、生き物は（人間もその仲間に加えてもらうと
して）何かしら喜びが見出せる方に向かい、そうでない方に背を向けます。
ティーチング・アーティストは楽しいこと、それも口当たりが良くて、薬に
も毒にもならないアクティビティではなく、作品そのものとして利用しま
す。良いティーチング・アーティストが問いかけるのは、本質的で興味深
く、あれこれと考えるのが楽しい質問ばかりです。アクティビティは誘われ
ると、いっしょにやらずにはいられなくなります。アクティビティは、人々
が得られる喜びの幅を広げてくれるのです。

　ナッシュビルでのリーダーシップ養成プログラムで私が担当した市民グ
ループの人たちは、誰が椅子に座るのかという議論を即興的にしたり、そ
の議論を劇の一幕にするための台本は、どんなものになるかなどを話した

❖ TA は…作品そのものを
楽しめることをします。

りする楽しさを経験したことがありません
でした。しかし私のワークショップでの楽
しい20分を経験すると、即興的に演技が
できて劇作家にもなれる自分について、新
しい何かを発見したのです。そこでふたり
のティーチング・アーティストが参加者の
前で、シェイクスピアの『じゃじゃ馬なら

し』からペトルーキオとキャタリーナ（ケイト）の出会いの場面を演じると、高校の国語授業で学んだはずのこのシーンが、いかにすごいものかを知ります。そして私たちは、この遊び心のあるアクティビティを通して学んだことを、ナッシュビルの経済再生という課題に応用してみました。これが足場づくりだということに気づきましたか？　この75分のワークショップで参加者は、さまざまな楽しさを経験し、自分たちが持っていることさえ知らなかった能力を引き出し、オフィスの部下たちの創造することの喜びや効果を高める方法にまで、想いをめぐらすことができたのです。

すばらしい質問

　すばらしい質問ができて、生き生きとした議論をファシリテート（促進）できることが、熟練したティーチング・アーティストのスキルです。ティーチング・アーティストを一人ひとりよく観ると、こうしたスキルが、その人の熟達度のレベルを表す明確な指標であることがわかります。スコットランド王立教育指導庁とのプロジェクトで、創造的な教育の指標を開発したことがあります。私たちが重要な手がかりとしたのは、議論の間に出される質問と参加の質です。感情的な質問、それ自体が興味深い質問、気付いたら自分で答えているような質問を、私たちは探しました。

　ティーチング・アーティスト養成に関わるすべての教師が、私のようにこのガイドラインが絶対的であると思っているわけではないのですが、ティーチング・アーティストたるものは、正解がひとつしかない質問を絶対にしてはいけません。特に学校のような所にいる人たちは、わたしたちの文化にある正解がひとつの思考にあまりにも浸りきっているので、ティーチング・アーティストが成長させなくてはならない内面性に反する、こうした状況から抜けだせないのです。アーティストリは、答えや見方の多様性を推奨し、質の高い質問、個人的なつながり、実験を求めているのです。生涯を通して強化されてきたがゆえに私たちがすぐさま行使してしまう、正解を求める、いじめのような権力から、脆弱な美の探究を守る必要があります。すばらしい質問の作用は、人によってさまざまです。「あなたは何を学びの証拠と考えますか？」という疑問が、私の人生の軌道の方向を変えました。「地球が

話しかけているのに、私たちはどう答えればいいのでしょうか？」、「生き抜くために、人はどのように音楽を使えばいいのでしょうか？」、「あなたがここで見ているもので、他の人には見えていないと思うことは、何ですか？」、「あなたの自叙伝の最初の文章は、どんなものになるでしょうか？」私はこんな問いかけを主眼にした、まる一週間のワークショップをするようになったのです。

　ここで4つ目の手法を思い出してください。「巧みな質問」でしたね。ティーチング・アーティストは関係性を見つけるために探究し、枠組みを変え、触発する方法を、そして、質問を投げかけることで評価に活気を与える方法を知っているのです。楽しく、興味深い、驚きに満ち、的を射た、一見単純にみえる質問です。ソクラテス的な対話が、本当の意味の好奇心へとつながるのです。

制約を活用する

　制約をうまくとらえることができれば、私たちはさらに深く掘り下げ、より多くの成功を得ることができます。画家は思い描く絵画にどの大きさのキャンバスを使うのかを知っていますし、そこにあるキャンバスに合わせて描くためのアイディアを練ることもあるでしょう。作曲家なら、15分の曲を書いて欲しいという委嘱を受けることもあるかもしれません。

　「制約を活用する」という言葉は、「ララバイ・プロジェクト」を作ったひとり、ティーチング・アーティストのトーマス・キャバニスから聞いたのが最初でした。このプロジェクトでは、ティーチング・アーティストが、数時間のうちに「音楽家ではない」母親たちが、生まれてくる自分たちの赤ちゃんのために子守歌を作り上げるようにするための、いくつかの制約を提示します。

　次のようにして制約を活用します。6歳児に自分のことを描くように言うと、棒人形やほとんどが楕円でできた人の姿を描くでしょう。もしかしたら家と太陽も登場するかもしれません。しかしこのアクティビティは子どものアーティストリを働かせておらず、また満足なものになっていません。なぜなら、この課題はこの子の能力レベルに適していないからです。でも、例え

ば3本の線を書いて、それぞれの線でその日に感じた気持ちを表してみよう
と言うと、その子は少し考えてみるでしょう。まず朝ごはんのときに妹がぐ
ずっていたことを思い出せば、ギザギザの線を描きます。それから学校に
入ってくる前に見た蝶々を思い出せば、軽やかな曲線を描くでしょう。そし
て算数の宿題を思い出せば、小さな黒い塊を表現するでしょう。課題に制約
があったことで、その子の内なるアーティストリを、自分なりに、そしてう
まく使うことができたのです。その子はまさに発達能力の限界で、自分自身
の経験を活かした創造的な選択をして、線を描いたのです。制約があること
で彼は成功し、アーティストリを発揮することができたわけで、自由な課題
だと、こうはいかないでしょう。ティーチング・アーティストは、活動の足
場であるステップ内で制約を活用するための構想を練る達人なのです。

能力を引き出す

　ここではふたつの真実が結合されます。1）すべての学びは以前の学びの
上に築かれる。2）すべての人が、アートの能力を持っている。ティーチン
グ・アーティストは（遊びながらの賢い方法で）その内なる能力を引き出し
て、創造的な成功の上に、小さな創造的な成功を積み上げます。やがて参加
者は創造的なフロー経験を得る方法を見つけて、自分にとって大切なことを
作るのです。

　たいていの人は9歳を過ぎると、自分にはアートの能力がないと思うよう
になります（子供は自分たちがすべてのアート分野で基本的に全能だと感じ
ています。「僕の描いた牛の絵は美術館ものだし、少なくとも冷蔵庫の扉に
貼っておくものだ」と思っています）。9歳以上になると、牛の絵を上手に
描いたり、大声で歌ったりはできないかもしれませんが、能力がないとい
うわけではありません。自分が生まれもった基本的な能力を隠しているか、
持っていないふりをしているかもしれませんが、すぐれたティーチング・
アーティストは「わたしはこのようなことをしません」という参加者の警戒
レーダーをくぐり抜けて侵入し、生来の能力を引きだす簡単なアクティビ
ティに参加させることができます。例えば、（「振り付け」といった大袈裟な
言葉を避けて）自然な身体の動きを使って解決する面白い課題を与えます。

そうすると数分のうちに、これまで使われてきたダンスに関する語彙をいっさい使わずに、参加者たちはあれやこれやの振り付けから選択をしていきます。もうひとつ例を挙げます。タングルウッドにワーキング・グループを集めて、夏のインタラクティブなファミリー・コンサートの構成をしたときのことです。まず私たちは、年齢や音楽レベルに関わらず、すべての人が音楽でできるだろうと考えてよさそうなことのすべてのリストを作ったのです。それらの能力を使った楽しいアクティビティを作りたかったからです。その結果、すべての人がもっていて、私たちが引き出せそうな基本的な能力を、約 50 も見つけることができたのです。

アートの専門用語を使うときを知る

　ここでの第 1 のルールは、最初から専門用語を使わないということです。最初から使ってしまうと、その専門用語に「ついて学ぶ」ことが目的になってしまいます。「今日はソナタ形式について勉強しましょう」とはじめることで距離が生じて、「あなた方が知って『おくべき』この芸術形式の重要な特徴について教えします。興味をもてるようにお話しするようにしますね」という意味を持ってしまいます。逆に、ティーチング・アーティストが手を差し伸べて、参加者のアーティストリを活性化させることからはじめれば、特定の興味深い課題に焦点を絞った小さなプロジェクトで、参加者が自らの創造的な能力を使えるように導くことができます。前述したシェイクスピアの韻律分析のワークショップの例では、私は韻律という言葉を終わり近くになるまで使いませんでした。演劇の教師として試したバージョンでは、韻律という語は最初の一文から登場させました。

プロセス重視と結果重視のバランス

　欧米の国々では制作物や結果が圧倒的に重視されていて、それはわずかではなく、相当なものです。（私の意見では、とても不健康なほど）私たちは「金メダルをめざし」、「フィニッシュラインに到達したい」と思い、すべてのエネルギーを制作物に注ぎます。ティーチング・アーティストは、（すべてのアーティストが自分の作品を完成させたい！と思っていますから）最

終の制作物が重要であることを理解していますが、あらゆる学びに価値があり、人を成長させるあらゆる経験が、創造的なプロセスにおいて開花することを知っているのです。制作物と同じように、プロセスが認められ、探索され、楽しめるように、ティーチング・アーティストは参加者の注意を導くのです。

振り返り

　哲学者のデューイが単刀直入に言っています。「私たちは経験を振り返ることなしに、経験から学びを得ることはない。」振り返るというスキルと心の習慣は、アートの伝統的な学習の中では、最も軽んじられている部分です。西洋文化はこれでもかというくらい振り返りを嫌っていて、私たちは急いで報酬に向かい満足するように条件付けられています。しかし、学びや変革のすべての可能性が不確かな（サブリミナルな）領域にあり、私たちはとらえどころのない経験から何かを獲得するためには、その経験を振り返らなければなりません。

　すぐれたティーチング・アーティストは、アクティビティに創造的な閃きをもたらすのと同じように、振り返りにもそれをもたらします。ティーチング・アーティストの仕事はリメディアル（治療的）なので、そのようにしなくてはなりません。振り返りは、小さな喜びに満ちています。自分が長けている部分を発見したり、これまでに気づきもしなかったことを、どのようにしていたのかがわかったり、あまり考えずに選んだことの価値に気づいたりするという喜びです。ティーチング・アーティストは、こうした小さな喜びへと参加者を誘うのです。何度も何度も、皆さんにこの喜びを味わってほしいものです。30年ほど前に、振り返りの自然の喜びについてのエッセイを書きましたが、少なくともその頃と同じくらいに、現在も振り返りの自然の喜びがあります[40]。

自己評価

　すべての学びにおいて、自己評価は最も大切な評価です。フィードバックのさまざまな形式は有力で、これには例えばテスト、客観的な採点法、教師

の客観的な分析、信頼するメンター（指導者）の観察さえも含まれます。ただ、これらが長い目で見て最も効果を発揮するのは、正確かつ成長志向の自己評価を加えたときなのです。もちろん、学校やほとんどの機関では、このようなことはしていません。確かに有効性の信頼よりも利便性や方法（の簡便さ）によって、その評価の実践が推進される傾向はあるのですが、それは、別々のテストや担当者の判断が大切であると信じているからなのです。改善という長い旅において実際に成功するには、自身の仕事の質をよく知り、「より良い」方向に向かっていることを、実感することが必要です。あらゆる創造的プロセスにおいて、私たちは何百もの、しばしば小さな決断をします。こうした決断は、どちらがより良くてより悪いかという個人的な感覚、つまり、それぞれの決断とその結果に対する私たちの評価によって、導かれるのです（考えてみてください。車を運転している際に人は1分間にそのような解決を30もしています。これは創造的な解決ではありません。少なくとも私はそう思います）。

　ティーチング・アーティストは自身の意見は前面に出さず、参加者自身の評価を信頼し、それを随時、最後まで優先します。実際私は、ティーチング・アーティストには「うまく行ったね」、「それはすばらしい」、「すごいね」といった直感的な賛辞さえも控えるように、指導します。こうした称賛は善意からのものであるかもしれないが、参加者の助けにならないからです。すぐれたティーチング・アーティストは、正確な自己評価のスキルや習慣を注意深く構築していて、時間をかけて（参加者の）創造力を深めてもらうための観察に自信がもてるようにしています。プロの俳優、教師やティーチング・アーティストと数十年仕事をしてきて、私はいかに実際に教えることが少ないかということを、いつも申しわけなく思っています。彼ら・彼女たちのほとんどの専門家としての改善点は、自身の小さな選択によるもので、私の指導によるものではありません。私にできることは、正しい目標に情熱をもって明確に向かっていること、すなわち、正確な評価と成長志向のマインドを好んで求めていることを認めてあげて、不断の改善に向かう彼ら・彼女たちを支援することです。

自身で選ぶ場を優先する

　ピカソは、創造というすべての行為のはじまりは、破壊という行為であると公言しています。ある選択をする際に、私たちはひょっとしたら選んでいたかもしれない、他の選択肢を捨てているのです。時に大胆なアーティストは、自分のアートの形式の必然とされ

❖意図的に選ぶという行為にパワーがあります。

定着していることを、あえて打ち破ります。デュシャンは1917年のあるアート展に、「噴水」と題されて有名となった小便器を出品しました。さらに困難な状況では、私たちはときに、自分自身の愛すべきすばらしいアイディアを、アートにはそぐわないという理由で、それを反故にするという選択をしなくてはならないのです。これは辛いことです。アーティストはしばしば「自分の赤ん坊を殺す」という表現をします。でも、選択するというのは力強い行為なのです。

　選んだことがいずれうまく行かなくなったとしても、意識的に選択する瞬間には、パワーがあります。次のような一連の流れを、経験したことがあると思います。天井や空を見上げて、自分の選択肢について考えを巡らせているうちにふと、決断できる瞬間がやってきます。そして視線は行動に移ります。ティーチング・アーティストは、人々にこの力に気づかせて、そこから力を得させて、そして選び取る行為を認め称賛することで、参加者がその瞬間に共鳴するのを感じられるようにするのです。

　創作したものを発表するとなると、私たちは気弱になります。多くの人は発表することに神経質で、否定的な反応を恐れています。ティーチング・アーティストは、この感覚の扱い方を知っています。グループでフィードバックが行えるように注意深く指導して、好きか嫌いかのコメントは禁句だと最初に告げます。その代わりに、「この作品で、彼女はどんな選択をしたのか挙げてみましょう。」という提案します。好みや良し悪しを述べそうな人に気をつけながら、「彼女はどのような選択をしましたか？」にのみに、人々が焦点を合わせるようにします。参加者は次々に発言します。（どのよ

うな選択をしたのかが）認識できることは、この活動に参加した人には大切なことです。彼女の選択について確認したあとで私は、「では選択の結果について、気付いたことはありますか？」と尋ねます。

　選択と結果。このふたつの焦点をもった振り返りレンズを、一生涯使い続けることもできるでしょう。そうすれは、責任をもって誠実に取り組んだ人生となるでしょう。私の経験では、人はこの小さな選択の一幕にちゃんと参加して練習を重ねれば、より大きい人生の一幕でよい選択ができるようになります。

　上級の参加者には、さらなる振り返りのために、由来という考え方を追加します。その選択は、あなたのどんな部分から来たのでしょうか？　どんなつながりがあるのでしょうか？　ご自分の文化的、個人的背景のどれが、この選択に導いたのでしょうか？　これによって探究は深まります。文化的な影響に対する認識が明るくなります。選択と結果を結ぶ線に着目することが心の習慣になれば、偏見や社会からの制約といった縛りを、緩めることができきます。

ティーチング・アーティストの実践を支える
ルーティンとリチュアル（決まり事）

　ティーチング・アーティストの多くが、参加者、特に継続的して会うことになる参加者に対して、ルーティンとリチュアルを策定します。繰り返されることは、記憶に残るからです。ルーティンとリチュアルというツールは、参加者とのつきあいが短期間であっても、印象に残るものとなります。

　リチュアルとルーティンの違いは何でしょう？　重なる部分も多いのですが、一般的にリチュアルは内側の状態を変えることを意図するのに対して、ルーティンは外側の状態に焦点を当てます。ルーティンは効率を上げて、必要なことを手際よくこなすのに役立ちます。準備や片付けのルーティンをもっている人たちは、その責任を共有することでグループのアイデンティティを作ります（語源の話をちょっとします。「応える respond」は「約束を守る promise back」という意味です。ですから「責任がある responsibility」ということは、約束をして、自分自身でその約束を守ることができるということです）。ルーティンは時間がたつと、意識的なエネルギーをさほど必要とせず、「今日は静寂の中で試してみましょう」とか、「皆さんの座っている位置で、目が合った人に一言だけ言ってみましょう」といった、細やかな美の要素を付け加えていくこともできるようになります。

　リチュアルは、集団が作り上げる環境の精神性に導き入れたり、時には追い出したりします。リチュアルは出会いの親密な空間を保証してくれる反面、そのグループに共有された価値観や世界観を体現するからです。グループでリチュアルを策定するというのも、有力なツールです。グループの雰囲気の感触がしばしば、実際のアクティビティを忘れてしまってからも、長く記憶されるからです。いくつか例を挙げてみます。

ブラボーの規則
　ブラボーという言葉が英語圏の劇場で最初に使われたとき、今日のよう

に、すばらしい妙技を称えて叫ぶ言葉ではありませんでした。これは、勇気を讃えるためにかけられた言葉だったのです。公の目にさらされた場で勇気を持って演じきった人に、その演技が完璧だったかどうかにかかわりなく、観客は「ブラボー」と叫んだのです。ティーチング・アーティストのなかには、勇気ある行動に対して、ブラボーと声をかける人もいます。そのときは全員が少しの間手を止めて、他の参加者の勇気あるアクションについての説明をティーチング・アーティストから聴き、それを終えたらまた作業に戻ります。大したことではありませんが、勇気を常に讃えることで、いつも達成することを過度に強調していることとのバランスを取るのです。このリチュアルを使うと、普段注目を集めがちな印象に残るわずかな人ほどにはスキルがない人を、元気づけ称賛することができます。認める行為には影響力があります。このことは、私自身の経験としてよく分かります。ワークショップのリーダーとして何かをした際に、ブラボーと言われると、私のように経験豊富な年寄りでも、いつまでも嬉しいものなのです。

今日いちばんの素敵な間違い

　このリチュアルでは、ワークショップや授業の最後に、ティーチング・アーティストは数分の時間をとって、参加者たちにその日にやらかしたこと、不手際だったことを挙げて、考察をしてもらいます。そして全員でベストなもの、つまり一番多くの学びを生み出したものに投票して選び、拍手でお祝いします。これにより、リスクを怖がらない大胆さが時間を追うごとに増していき、間違いは辛いものではなく、楽しい一歩にさえなるのです。

ウォームアップのアクティビティ

　これは、はじまろうとするメインの出来事への、短くて楽しい、経験的な導入となります。ティーチング・アーティストは、それぞれに自分の好きな方法を持っていて、その場にふさわしいものに調整するのですが、新しい方法を考え付くこともあります。それらはゲームのようなものであることが、よくあります。例えば、スローモーション・タグというエクササイズがあります。これはダンスや演劇のワークショップでやると、とてもいいエクササ

イズで、(タグを付けられた人は) わざとゆっくりとした動きをするのですが、実際の動きを保っていなくてはならないのです。スローモーション・タグで課せられていることは、タグを付けたり、付けられないようにするという、ゲーム感覚のモチベーションをフル稼働させておくということです。たとえ、顔の表情にまで超スローモーションを中断してはいけないという、冗談なような制約を加えたとしてもです。このウォームアップは楽しくて、身体能力の通常のヒエラルキーは不問となるので、すべての人が参加できます。また演劇のわざとらしい伝統的な表現法にひそむ真実についての、芸術的に深い問題の追及をしはじめているのです。こうしておけば、参加者はシェイクスピアの語法やバレエの表現に忠実であることについて、探究しはじめることができるでしょう。他にも、ウォームアップの例をご紹介しましょう。参加者は輪になって座り、ティーチング・アーティストは何も言わずに4拍子を手で叩きます。ひとりずつ、これを変化させたものを披露し、それを全員で繰り返します。こうすれば、ティーチング・アーティストはひと言も発さずに、主題と変奏の作曲についてのワークショップの準備ができるわけです。

チェック・イン

　ルーティンとリチュアルの中間のようなやり方で、多くのティーチング・アーティストがワークショップをはじめる前に、参加者それぞれから(人数には関係なく)何か特別なことを聴きだそうとします。それは簡単なものでよくて、例えば、「今の気持ちを一語で表すと?」とか、あるいはもう少し立ち入った「先週末の明るい出来事についての一言」とか「私たちのプロジェクトについて感じていることを表すジェスチャー」とかでいいのです。これはグループの一体感を生み、おとなしい参加者にも最初から発言の機会を与えることができます(これによってその後のアクティビティで発言してくれることが多くなるという調査結果があります)。そして、その後ワークショップで展開されるトピックの紹介にもなります。

チェック・アウト、または退場チケット

　それぞれのグループが個性豊かなコミュニティになったことを称賛して、ティーチング・アーティストは「普段の生活」への架け橋として、しばしばまとめのリチュアルを行うことがあります。それぞれの参加者が特別なことをひとつずつ共有するように、求められるのです。それはおそらく、ワークショップの中で覚えておきたいと思った瞬間のことだったり、セッション中に他の人が口にした感謝の言葉だったりするでしょう。ここでも全員が、つまり静かな人も、嫌な思いをしてしまった人も、すごく優秀な人も、不満があった人も、全員が解散前にグループになんらかの申し出をします。

　定例会議や計画セッションをリードする際に、多くのティーチング・アーティストが「退場チケット」を使います。全員が、会議の進行はどうだったか、気になったことや嬉しくなったこと、解決していないことなどを、共有するのです。この振り返りこそが、やがて信頼を築き、効率を高め、さらに未解決事項もはっきりさせてくれるので、後で対処することもできるようになります。もちろん、私はこれをビジネスにも導入しています。これはなんとなくうまくいくのではなく、確実に機能します。

ティーチング・アーティストリと演奏の交わるところ

　ここで、ティーチング・アーティストリが新しい種類の演奏を構想した例を、いくつかご紹介します。

　2022 年、私はオレゴン交響楽団がはじめた「クリエイティブ・エンパワメント・プロジェクト」に関わったことがあります。そのひとつが、打楽器奏者のクリス・ペリーとヴァイオリン奏者のイリン・ファービーの創った「サンバとタンゴを知ろう」です。観客は午後 7 時のコンサートのチケットを買います。このコンサート会場は大きな開放的な空間で、ナイトクラブのようなテーブルが並び、赤いテーブルクロスがかけられた各テーブルには、バラが一輪ずつ飾られました。でも、コンサートがはじまったのは 8 時になってからです。この 1 時間で、観客が歩き回れるエリアの 6 ケ所で、ワインが振る舞われました。ひとつのエリアでは、タンゴとサンバのレッスンが、のちに演奏される音楽を使って行われています。華やかなカーニバルの衣装を着て、写真を撮れるコーナーもあります。バンドネオン奏者は、楽器の仕組みを説明して、観客も試しに弾いてみています。バーの近くには、ブラジルの軽食を出しているエリアもありました。どこよりも賑やかだったのは、打楽器コーナーです。テーブルに広げられた小物楽器の数々を鳴らして、誰もがサンバやタンゴのリズムに乗り、時にプロ奏者が演奏に加わります。たった 2 分で、最初はぎこちなかった観客たちが、ラテン音楽を体で感じ、共に楽しむことができたのです。8 時ごろに本番がはじまったときには、観客はすっかり準備ができた状態で、いろんなことを演奏から発見できるようになっていました。皆が、人生最高の時を過ごしていました。自然に踊り出し、テーブルや床でリズムを取っていました。サンバの行列が建物の外へ出ていくところでコンサートが終わりましたが、観客はその後をついて行って、ゴミ箱のふたと棒をつかんで、リズムを鳴らしながら道で踊り続けたのです。

デイヴィッド・ウォレスは双方向型コンサートについて、「コンサートの聴衆をエンゲイジする」[41] という一冊の本にまとめました。このアイディアに興味があれば、このすばらしい本を読んでください。ウォレスが考案したコンサートの例には、こんなものがあります。ストラヴィンスキーの『独奏ヴィオラのためのエレジー』は、6分ほどのヴィオラ独奏曲ですが、「プロ・アルテ・クァルテット」の第一ヴァイオリン奏者、故アルフォンス・オンナウの追悼のために書かれました。デイヴィッドはまず、悼みのテーマを紹介するところからはじめます。その後に、亡くなった人を悼み、喪に服する間に湧き上がったさまざまな感情について、聴衆に挙げてもらうのです。「無感情になる期間」、「突拍子もなく可笑しい思い出」の他、哀しみのさまざまな度合いについて、たくさんの声が上がりました。そして、それぞれの気持ちに当てはまる音を、ヴィオラで表せるよう助けて欲しいと、声をあげてくれた人にお願いします。ひとつひとつの声を引き出し、それに合う音をいっしょに探し、その感情に合うフレーズを創っていきます。いくつか試したのちに、「ではここで、ストラヴィンスキーの気持ちを表した音を聴いてください。どんな感情が聴こえてくるでしょう」と問いかけ、曲のなかのひとつのフレーズを弾きます。応えを聞く際には、より具体的な言葉を使ってもらえるよう強く促します。何回かこのフレーズを演奏すると、応えは「悲しい」という広義なものからだんだんと、「喪失の大きな波が何かの拍子に襲ってくる瞬間」といった、切実なコメントに変わっていきました。こんなふうに一同は、曲のかなめとなる数箇所を取り出して観察します。最後に、デイヴィッドは曲を通して弾きます。聴衆は自分のことのようにそれを聴き、それぞれのフレーズの気持ちに共感しながら旅をする中で、ストラヴィンスキーが表現している複雑さを発見するのです。聴衆はこれまでにない方法で、演奏者と共に経験を作り出しました。これは全体で25分ほどのアクティビティです。

　ティーチング・アーティストのトーマス・キャバニスについては前にも触れましたが、私が知る限りでは、彼が「とてもオープンなリハーサル」を初めて考案した人です。これは「オープン・リハーサル」のように、聴衆が

オーケストラ練習を見学しに、こっそり入ってくることが許されていると
いった場ではありません。たいていのオープン・リハーサルは、創造の場を
特別に見せてもらうことで、そのすばらしさを味わってもらうところにある
のではないでしょうか。でも残念なことに、指揮者が団員に言っている言葉
が、ちゃんと聞こえないことがあります。またオープン・リハーサルは最終
リハーサルになることがほとんどなので、ささいな点をいくつか手直しする
だけになります。

　一方、「とてもオープンなリハーサル」では、小編成のアンサンブルが、
少人数の聴衆のために、本当の意味でリハーサルをして、実務上必要なこと
をしながら、曲を仕上げていきます。例えば、あるリハーサルでは 75 分間
かけて、ある弦楽四重奏のたった 4 分の楽章を手がけます。ここで特徴的な
のは、客席にいる人たちが手を挙げて質問して、リハーサルを中断しても良
いということです。演奏家たちは手を止めて、なるべく誠実に質問に応じま
す。例えば、「今、4 回同じところを練習して、4 回めにやっと満足していた
ようですが、それまで何がいけなかったんでしょうか？　違いがわからな
かったので教えてください」という質問が出ます。演奏家は大切な部分の技
術的な要素を、弾きながら説明します。この説明がなければ、聴いている人
には、かいもく見当さえつかなかったことでしょう。「ヴァイオリンの人の
首には、どうしていつもキスマークがあるんでしょう？」という質問が出た
こともあります。これには「いつも顎の下の同じ箇所で、一日何時間もヴァ
イオリンを挟んでいて、しかも何年もそれを続けているからです。そうなん
ですよ、高校生のときは、本当に説明が面倒でした」と答えます。こうした
会話を通して、演奏家と客席の距離がグッと縮まり、演奏家に人間味が生ま
れて、ただ遠くで憧れるだけの、うまい人というだけではなくなるのです。

　こうしたリハーサルはたいてい、練習した曲を通しで演奏するときに頂点
を迎えます。たった 4 分の演奏にも、スタンディング・オベーションまでし
てもらえることもあります。聴衆が非常に高いスキル、情熱、リハーサル
練習の複雑さを理解したからです。聴きながら、すべてを吸収したというフ
ロー経験ができたのです。私がリードした、ある「とてもオープンなリハー
サル」では、四重奏団は終結部のテンポや全体の形をまだ決められていなく

て、まず2回違う弾き方で演奏してもらったあと、聴衆にそれぞれの演奏についてのフィードバックを求めました。終演後には、聴衆を演奏会場から追い出すのに苦労しました。みんな、そこに留まって話し続けたかったからです。そして演奏家も、自分たちの知識や演奏に完全に魅了された聴衆の人たちとは、ずっと話したいと思っていました。

　フィリピンのイロイロ郡のランブナオという農業都市で、ティーチング・アーティストのラツェル・ヤン・サルヴェリータは、町の広場である展示をはじめました。220もの仮面が逆ピラミッド型の檻に取り付けられたのですが、このギョッとさせられる顔の数々は、彼の「気候に対する不正を暴く」というプロジェクトの一部です。それぞれの仮面は違った表情をもっていて、気候変動危機が季節ごとの農業や生活に与える影響についての、さまざまな感情を共有するために、地元の農民や職人が描いたものです。参加者たちが自分の作った仮面をつけて、仮面ごしに自分の考えを語るという、ドキュメンタリーのビデオ作品も作られました。ラツェルはワークショップで、この地元の粘土で（たき火の残り火を使い）陶器を焼く技術、そして伝統的な仮面・デザインの美学を活用しました。農民や職人たちは粘土を使った作業をしながら、気候変動の事実について学び、議論したので、制作された仮面には作業中に感じた怒りや哀しみ、不安や無力感が表れました。また周囲の人たちと共に、作物サイクルに被害を与える気候問題についての議論をリードできる、ファシリテーターになるトレーニングを受けました。町の広場の展示は数ヶ月延長され、説明板が追加されて、ファシリテーターにはそこで自然発生した討論で、人々と関わってもらいました。彼らはこの瞬間を利用して、地域で大きな問題になっている気候変動問題についての、科学的な事実を伝えたのです。以来、ファシリテーターたちは地域の教会でも、定期的に気候問題に関する勉強会を開いています。ここには、今では学校やコミュニティで気候教育に携わっている若い人たちも、含まれています。ラツェルはこのやり取りやプロセスを記録して、他の人もこの地域が辿った道のりから学べるようにしたり、無料で学べるケース・スタディをオンラインで提供したりしています。

図9：ティーチング・アーティストのアブネル・トレス・ディナ・ジュニアが指導する、フィリピンの10代の若者との環境ワークショップ。写真：著者提供

からまりあう目的

ティーチング・アーティストの活動はよくなっていきますが、それが実際に何であるのかの定義は、曖昧になる傾向があります（前に述べたように、この懸念から私は「6つの基本原則」を作ることに

❖良い TA というのは、
プロジェクトごとに違う場所で活動し、
違う役割を持ちます。

したのです）。そもそも、ティーチング・アーティストが専門分野そのものを説明するのにも、不案内なのです。これは彼らの責任ではなく、分野が未発達で複雑だからです。分野を説明する最初の方法としては、メンバーが活動する場所によって定義するというものがあります。しかしこの方法は、メンバーたちが同じ場所に呼ばれたのに、違う目標を達成したこともありますので、あまり役に立ちません。例えば、アメリカのある学校で、ひとりのティーチング・アーティストがある週にオペラ鑑賞の事前指導をして、その次の週は校内の多世代プログラムで 80 代の人たちに、創作プログラムを指導していることもあるのです。場所は同じでも、目標が違うわけです。

このように、ティーチング・アーティストリを場所ごとの枠組みにはめると、「サイロ思考」を誘発して、分野を分断して引き離し、分野そのものを弱くしてしまいます。そして、ティーチング・アーティストが、コミュニティ・アーティストや社会実践アーティストと別物であるかのような印象を与えてしまうのです。すぐれたティーチング・アーティストはさまざまな状況で活動し、プロジェクトごとにアイデンティティも異なるのです。これらの呼称は、ある日は水彩画に、次の日はコラージュに取り組む画家の場合と、同じです。

2011 年に私は分野の再構成を公にしました。「基本原則」の場合と同じで、私は原案を同僚たちと点検し、その後何年にもわたって、いくつか調整を提案してもらいました。そしてこの分野の構成が、リンカーン・センター・ティーチング・アーティスト養成ラボのもとになったのです。完璧ではありませんが、わかりやすくなりました。

　この枠組みはティーチング・アーティストが雇われる目的、すなわち、ティーチング・アーティストが活動を企図して、達成しようとする目標を、強調します。目的に焦点をあてることで、職業名による誤った境界を軽減することができます。というのも、呼称が違っても、しばしば同じ目的を共有しているからです。公園の新設を地域住民に喚起するために雇われた人は、ティーチング・アーティストと呼ばれるかもしれないし、（イギリス風にいえば、参加型アーティストである）コミュニティ・アーティストと呼んでもいいかもしれません。しかし、それは重要なことではありません。大切なのはプロセスであり、近隣住民がプロジェクトの終了後も、その公園をどのように楽しむかなのです。

　ここに 7 つの目的を挙げますが、これらが柔軟でしばしば絡みあっているので、「からまりあう目的」と呼ぶことができます。

　これらのからまりあう目的は、実践の場では別個のものではありません。自然に重複しています。例えば、ティーチング・アーティストが公園の新設を地域住民に喚起しようとするなら、おそらく、コミュニティの大人たちとはアートの作品を作り、子どもたちには、広場で遊べるゲームを考えてもらうでしょう。もうひとつ、複数の目的が織り成す例を挙げましょう。メゾ・ソプラノ歌手のジョイス・ディドナートは、「エデン」[44] という作品で世界ツアーをしました。これは、オペラを使った環境保護主義を願う作品です。ツアーのすべての都市で、「エデン・エンゲイジメント」[45]（ITAC との共同プロジェクト）のティーチング・アーティストは、低所得者層の多い地域に住む若者から成る合唱団と、その地域の環境課題を創造的に探究し、メンバーの意識や変革への意気を高めました。同時に合唱団は、大きなオペラハウスのステージでのフィナーレで、ジョイスといっしょに歌う曲の練習をしました。そして続けてジョイスが歌うヘンデルのアリアに、うっとりと

聴き惚れたりもしました。「エデン・エンゲイジメント」では、活動主義者、アートの作品、アート・インテグレーション（統合）、自己啓発という、目的がからまりあっているのです。

　目的のこのようなからまりあいは、私たちに問いかけます。このプロジェクトの主たる目的は何だろう？　その影響力はどのように評価されたいだろう？　さあ、ここまで話したところで、からまりあう目的を（順不同で）紹介していきます。

1. **自己啓発**　　　　個人的、社会的能力を高める
2. **コミュニティ**　　コミュニティでの生活を豊かにする
3. **活動主義**　　　　政治や社会の運動に影響を与える
4. **アーツ以外の目標とのパートナーシップ**　他団体にとって大切な目標を達成する
5. **アートのスキルを高める**　アートメイキングのスキルを深める
6. **アーツの統合**　　アート以外の内容を学ぶうえでの触媒となる
7. **アート作品**　　　作品との出会いをより豊かにする

1. 自己啓発

（目的）：個人的、社会的能力を高める

（例）：「ブラス・フォー・アフリカ」[46]はウガンダ、リベリア、ルワンダのコミュニティで活動しています。ここで教師となっているのは地元出身者で、「音楽と人生術教師」と呼ばれています。教師たちは、より豊かな人生を送るために必要な人生術のモデルとなることに専念すると同時に、音楽でもってコミュニティをひとつにする方法を知っている、若手音楽家を教えています。今日私はこの教師のひとりといっしょに仕事をしました。この人は、道から外れそうになっていた学生時代に「ブラス・フォー・アフリカ」へ入団して、後に教師となり、さらに「アカデミー・フォー・インパクト・スルー・ミュージック」との共同プログラムのリーダーとなりました。そして今ではグローバル・リーダーズ・プログラムで、音楽教育が国連のSDGsに貢献する方法を研究しています。

この急速に展開しつつある仕事において、ティーチング・アーティストあるいは社会実践アーティストたちは、創造的なエンゲイジメント（参与）を通して、個人的、社会的能力を発達させることをめざしています。このようなことは、一発で起きる奇跡ではありません。人間は一晩では変わらないからです。ティーチング・アーティストたちは、時間をかけて社会的目標を達成しようとする、それぞれの組織の中で働いているのです。

　この目的の結果として特に注目してよいものが現れるのは、障がいをもった人たち、刑務所にいる人や少年更生プログラムを受けている若者、放課後プログラムにいる数千の生徒たちです。ここには、高齢者が大切なもの（演劇、ダンス、コーラス、絵画や彫刻など）を作るクリエイティブ・エイジングも含まれます。長寿の人の増加、入院期間の短縮、処方薬の減少、うつ症状の緩和などといった、目に見えるメリットをもたらします。新たな研究では認知症患者についても見込みのある結果も示されています。

　この目的には、世界中で社会変革プログラムのために音楽を活用する仕事も含まれています。その例のひとつが、「ブラス・フォー・アフリカ」のような、貧困や社会的な困難の圧力のもとでの若者の成長を力づける、何百にものぼる若者向け音楽プログラムなのです。これらのプログラムの多くが、ベネズエラのエル・システマに触発されています。仲間とともに何年にもわたって音楽の仕事を成し遂げることで、若い音楽家たちは人生における選択肢を広げられる、きわめて前向きな選択ができるようになります。今日では世界各地で100万人ほどの若者が、こうしたプログラムに積極的に参加しています。同じようなプログラムは、ダンス、演劇、美術、メディア・アート、ヒップホップ、文学などにもあります。ほとんどすべてのプラグラムが、潤沢な予算で華々しく展開されています。

　新たに登場した「内面の成長目標（IDGs）」[47]は、国連のSDGsを達成しようと思うときに、もっていなくてはならない能力に注目しています。ティーチング・アーティストは、このIDGsを達成する方法を知っているのです。

　この目的におけるティーチング・アーティストの影響力を評価したいならば、プログラムが創出することを求めている、人的・社会的成果を検証する

必要があるでしょう。これらの成果は、高齢者施設では医薬品の使用量の減少からモラルの改善、そして健康上の成果まで、あるいは社会変革の音楽プログラムでは、再犯率の減少から犯罪関与の減少、そして中退率の減少までと、実にさまざまです。

　個人および社会の発達プログラムでの影響力の評価についていえば、この目的は、社会全体を改善する大きな潜在力を持っています。みなさんは「機会費用」という言葉をご存知でしょうか？　これは、ひとつの領域への投資が別の領域に対して、どのくらい経済効果を与えることができるかを計算します。基本的には、機会費用というのは、採用しなかった方法の価値、つまり、費やさなくてよかったものの合計を数量化します。システマ・スコットランド[48]も、市の社会福祉支出との関連で活動の機会費用を調査した、音楽による社会変革プログラムのひとつです。第三者の研究者たちは、長い目で見れば、プログラムが創出する社会的・経済的利益に対して、音楽プログラムの費用は非常に低く抑えられていることを見出しました[49]。また研究者たちが主張するには、グラスゴーのゴヴァンヒル地区の「ビッグ・ノイズ」プログラムは、15 年の間に社会福祉、刑事司法および公衆衛生の市の支出を軽減することで、市の財政を計 2900 ポンド節約することができるそうです。グラスゴーのティーチング・アーティストへの 1 ポンドの投資が、その数倍もの公的資金を節約したのです。こんなにいい投資は多くないでしょう。

2.　コミュニティ

（目的）：コミュニティでの生活を豊かにする

（例）：北フィラデルフィアにある「アーツと人間性の村」[50]のティーチング・アーティストは、30 年以上にわたって住人たちと協力して、アートをベースにした自己表現と個人的成功のための機会を提供して、地域コミュニティの声と願望を強化しています。これによって、若者やその家族の参加を促し、物理的空間を再活性化させ、黒人文化の伝統の継承に貢献しています。2023 年の最新の目玉である、「シビック・パワー・スタジオ」は「地域に忘れられないものを建造する」ことを目指しています。

　こうしたプロジェクトでは、コミュニティ生活の質を高めるために、

ティーチング・アーティストは、アートに役立つコミュニティの資源を活性化させ、豊かにしようと尽力します。「コミュニティ・アーティスト」または「市民アート実践」という誇り高く、深い伝統が、この目的を特徴づけています。またティーチング・アーティストはコミュニティのニーズが顕在化すると、それに答えて、そのニーズを見きわめ、それらニーズの対処についてのコンセンサスを形成します。「シアター・フォー・ソーシャル・ディベロップメント・アフリカ」から、世界のあらゆる主要都市での参加型壁画プロジェクト、さらにアメリカの「クリエイティブ・プレイスメイキング」プロジェクトに至るまで、こうした活動はもともと包括的です。すべての人が歓迎され、積極的に引き込まれ、懸命に取り組みます。こうした活動は、普段は地域で周辺に押しやられている人たちに参加してもらうことで、さらにうまく行きます。アメリカには長い伝統をもった、こうしたプログラムがあります。例えば、アパラチアの「アポルショップ」[51]、ロサンゼルスの「コーナーストーン劇団」[52]、フィラデルフィア壁画アーツ[53]、ミネアポリスの「イン・ザ・ハート・オブ・ビースト」[54]などです。また世界中に数え切れないほどのプログラムがあり、例えば、イギリスにはストリートワイズ・オペラ[55]があります。コロンビアのティーチング・アーティストであるヤズマニー・アーボレダによる「信仰の色」プロジェクト[56]では、ケニアのコミュニティの人たちが、モスクとキリスト教の教会を同じ黄色のペンキで塗り、双方の宗教の信仰深い信者たちが協力することで、地域の協和を確立します。ヤズマニーは現在、ニューヨーク市の「シビック・エンゲイジメント・コミッション」のアーティスト・イン・レジデンスを務めています。

　この目的におけるティーチング・アーティストの働きを評価するには、コミュニティのメンバーへの影響、すなわち、人々の態度や行動がどのように変化するのか、さらには、コミュニティの機能がどのように変化したのかを、観察すればいいでしょう。

3.　行動主義

(目的)：政治や社会の運動に影響を与える

(例1)：オスロで 2022 年に開催された ITAC6（第 6 回 ITAC）では、肌も髪

も服も全部灰色に塗った20名のティーチング・アーティストたちが、ゆっくりとオスロの下町を歩き、時々憂鬱な表情で立ち止まりながら、国会の前まで歩きました。立ち止まって見た数百人のうちには、議員もいました。ティーチング・アーティストたちを見ようと立ち止まった、議員も含めた数百人の人たちに配られた小さな紙に書いてあったのは、気温上昇を1.5度までに抑えなければ、2050年までに世界中で約120万人が気候難民となるだろうという事実でした。

例2：アーティビズムという分野が誕生して、世界中で献身的な個々のアーティストやプログラムがひとつになって、美しい騒動を起こしはじめています。オーストラリアの「ビッグ・ハート」[57]は（世界中の創造的な若者教育プログラムのひとつですが）30年近くにわたって、52の「助けを必要とするコミュニティ」の（8000人以上の）若者と、社会問題に直接訴えるアート作品やアーティストたちを育てています。

例3：「ひと針ごとに世界を変えるクラフティビズム（工芸を使った社会活動）」[58]は、イギリスで最初のティーチング・アーティストであるサラ・コベットにより考案されました。彼女は、これは内向的な人向けの政治的行動主義だと言います。小さなグループで集まり、巧妙で時に邪悪な意図をもった美しい工芸品を作ります。例えば、首相のソファに置かれる、反体制的な政治的メッセージが刺繍された、かわいいクッションなどです。

❖コミュニティが受け入れられないことを変えるために立ち上がるとき、社会活動がはじまります。

コミュニティが受け入れがたいことを変えるために立ち上がるとき、行動主義が働きます。空き地を共同遊園地にすることを求める小さなコミュニティであっても、社会、人種、ジェンダーのための正義を求める大きなコミュニティであっても、ティーチング・アーティストは変革を起こすことができます。なぜならティーチング・アーティストには、参加者を巻き込んで、人々の気持ちを変え、アイディアに挑み、連帯感を生

図10：クラフビスト・コレクティブ創始者のサラ・コペットと2名のワークショップ参加者。
写真：著者提供

図11：クラフビスト・コレクティブの創始者サラ・コペットによるコミュニティ・ワークショップ。各テーブルにボランティアのティーチング・アーティストが参加している。写真：著者提供

み出し、現状を変えてきた長い歴史があるからです。この活動は時に挑発的で、不穏なことさえあり、しばしば、プロパガンダと呼ばれることもあります。ここには、「抑圧された者のシアター」、路上シアター、歌、落書き、公共アートの作品が含まれます。バンクシーのことを、考えてみてください。またオラファー・エリアソンは、各地の町の大きな広場に南極の大きな氷の塊を置いて、市民に痛ましく溶けていく様子を見せたのです。

　この目的は、抗議や怒りのメッセージを伝えるアート作品の中に、そして自らのスキルを使って人々を創造的に巻き込みチャレンジさせるティーチング・アーティストの活動の中に、とにかく世界中で見ることができます。私の友人であるチェン・アロンは、イスラエルとパレスチナの俳優がピースメーカーとして活動する「平和への戦い」を、イスラエルで立ち上げたひとりで、ノーベル平和賞候補にもなりました。アフガニスタン国立音楽院（ANIM）はアーマッド・サーマスト博士により創設され、聖戦士やタリバンによって排除されたこの国の音楽産業を建て直すことを、目標としました。この音楽院では、女性も対等に、ティーチング・アーティストのトレーニングを受けました。2021年にタリバンが政権を取り戻し、やむを得ず国外脱出するまで、すべての若い音楽家たちは、音楽院のこの社会的使命を胸に抱いていたのです。サーマストもまた、ノーベル平和賞候補にもなりました。

❖社会活動を目的としたアートのジャンルも生まれています。

アートのすべてのジャンルが行動主義の活動から生まれています。例えば、ナイジェリアの1960年代のロック音楽運動や、1990年代のクランピング（ロサンゼルス発祥のダンスの一種）などです。ヒップホップが元は政治的な意図からはじまったと主張する人もいます。「プレイバック・シアター」[59]は現在世界中に広がりを見せていますが、ここでは演劇のすぐれた洞察をもって、不正義や社会的課題に影響を受けた一人ひとりのストーリーを称賛します。

　この目的の行動主義アーティストの活動を評価するには、人々の心、思考、行動に持続的効果を与えているかどうかを、検証すればいいでしょう。

4. アーツ以外の目標とのパートナーシップ

（**目的**）：他団体にとって大切な目標を達成する

（**例1**）：あるレジデント・ティーチング・アーティスト[60]は、ニューヨーク清掃局のプロジェクト・チームと共同して、ゴミの収集方法の変更をめぐる永続的なコミュニケーション不足を解消するための、より創造的な方法を考えています。

（**例2**）：「国境なき道化師集団」[61]は1993年に、バルセロナの子供たちが資金を集めて、クロアチアの難民キャンプに、有名な道化師を送り込んだことからはじまりました。ペンフレンドになった難民の子供たちが、「笑えた頃が懐かしい」と言ったことがきっかけでした。現在15ケ国に支部があり、123ケ国の現地支援機関と共同で、危機的状況下のトラウマとユーモアについての問題に取り組んでいます。

　ティーチング・アーティストと先見性のある機関は、この成長しつつある領域で、幅広く実験をしています。確かにこの目的にはパッとしないタイトルがついていますが、ここでの実験の数々は退屈なものではありません。活動の領域があまりに広範にわたり、他にどのようにタイトルをつけたらよいのかわからなかったのです。この目的において、ティーチング・アーティストは産業界と協力して、イノベーションを増やし、チームワークを強化し、創造性を開花させ、リーダーシップ・スキルを伸ばします。医学部や病院との協力関係では、診断をより適確にして、そして共感力を高めることにより、医療業務の感情面を改善し、精神的苦痛を軽減します。計画委員会と協働することで、都市計画に創造的な活力をもたらします。ニューヨーク市の（前述した**例1**の）「パブリック・アーティスト・イン・レジデンス」は11の行政機関にティーチング・アーティストを配置して、仕事を遂行するうえでの、長期的な弱点の克服をサポートしています。ロサンゼルスとアメリカの少なくとも10余りの都市で、類似のプログラムが実施されています。インパクト投資やソーシャル・インパクト・ボンドの分野が、ティーチング・アーティストの力を発見しつつあります。このような取り組みは実際に、プロジェクトの目に見える良好な影響に対する金銭的な利益を、投資家にもたらしているからです。よく私はこう言います。「ティーチング・アーティス

トに投資してください」と。そして実際に、有益な投資になり得ます。

　ティーチング・アーティストリの分野としては、この目的についてまだ研究が進んでいません。さまざまな機関が創造的なエンゲイジメント（参与）が、目的の達成のために役立つことを発見するやいなや、予期せぬ形でこのことが表面化するのです。ティーチング・アーティストの分野は、基盤となる機会、実践、あるいは成功についてあまり話しあっていません。昨日も、ティーチング・アーティストがアメリカの交通インフラのプロジェクトに関わる10余りの方法を列挙した報告書を目にしました[62]。賢明な投資家なら、このようなプロジェクトに参加したティーチング・アーティストを集めて、彼ら・彼女たちの（必ずしもいつも良いものでない）経験から学び、この目的における専門家としての学びを進めるでしょう。

　この目的におけるティーチング・アーティストの仕事について評価するには、特定のプロジェクトの目標に注目して、それが達成されているかどうかを、見きわめることが適切でしょう。手術用器具を製造する高度な技術をもった金属技術者たちとの創造的な取り組みが、結果としてそれなりの影響を与えたのかどうかは、その2年後に礼状を手にするまでわかりませんでした。そこには、彼らが開発したばかりの新しいステント（手術器具）についての説明や、ゴルフクラブを改良する方法を実験している楽しさが、書かれてありました。

5. アートのスキルを高める

（目的）：アートを創造するスキルを深め、広げる

（例）：マサチューセッツ州ケンブリッジにあるロンジー・スクールは、最も革新的な考えの音楽院です。成功を遂げ、責任を持ち、創造的充足感がある21世紀の音楽家を育てるには、音楽スキルとティーチング・アーティストのスキルとを融合させなくてはならないと考えているからです。卒業するには、学生は一連の講義を受講し、さらにコミュニティ・プロジェクトを開発しなくてはなりません。ロンジーの教員たちは、この学校の方針の模範となるために、ティーチング・アーティストのように教えたり、コーチングできたりするように訓練を受けています。ロンジーは「アンサンブル」誌[63]

を一時期出版していました。これはティーチング・アーティストが社会変革運動のために働いている、グローバルの音楽を最も広範に扱った雑誌でした。

　ティーチング・アーティストリは、アーティスト教育の一部です。アーティスト教育の多くをいまだに占めているのが、トンネルのような狭い範囲でのテクニック、メカニック、模倣といった学びであることから、個人のアーティストリを広げ、深めるためにはティーチング・アーティストリが重要になるのです。アートを教えることは、ある特定のアートの形式内での専門を築くことを奨励し、ティーチング・アーティストリは、アートと共に生きる人を育てることを奨励します。ティーチング・アーティストとアート教師との間には、明確な境界はありません。若いアーティストにアートの広がりや創造的な活力を育むことを優先して、それを自らが教える際のモデルにしているアートの教師が、ティーチング・アーティストなのです。逆もまた、真なりです。もしティーチング・アーティストに生徒と関わる十分な時間が与えられれば、生徒のテクニックを上達させようとします。テクニックの向上は、アートそのものとより良いアーティストに向かう気持ちを高めるからです。私が思うのに、アート教育をティーチング・アーティストリでいっぱいにすることで、高尚な芸術が長年抱えてきた問題の多くを解決できるでしょう。観客が観聴きするためにお金を出してくれる名詞としてのアートを、最高のものにしようとするのと同じように、動詞としてのアートのプロセスに観客を惹きこむことにも、情熱を傾けてくれるようになるために、次世代のアーティストを教育していこうではありませんか。

　アーティストの教育に携わる機関は、ティーチング・アーティストの仕事が、学生たちに大きな成長をもたらすものであることに気づきはじめています。私がこの発見をしたのは、ティーチング・アーティスト養成プログラムの立ち上げに協力したジュリアード音楽院においてのことでした。この学校の大学院在学中にすぐれたティーチング・アーティストに成長すると、オーケストラの楽団員になれるというトンネルのような狭い道を進もうとは、ほぼ誰も考えなくなったからです。その代わりに、これまでにない多様なキャリアを創造し、主導的な立場でずっと、この分野に革新をもたらす貢献を

し、また平均的に高い報酬を得るようになったのです。ここで私は繰りかえ
しカーネギーホール教育部門の先見性のあるプログラムについてお話ししま
したが、このプログラムも、ジュリアードのティーチング・アーティスト養成
プログラムの卒業生である、サラ・ジョンソンが創設し、主宰しています。

　他の例も、ご紹介しましょう。サン・アントニオの団体「セイ・シー Say
Sí」[64] のティーチング・アーティストたちは、さまざまなアート分野で若者
を育てていますが、この若者たちは俳優や映画制作のプロになろうと思って
いるわけではありません。彼らは、自分たちのアートを通して、コミュニ
ティ志向の貢献をしているのです。シカゴの「マーウェン」[65] のティーチ
ング・アーティストたちは、プロのレベルに到達できるように若い美術学生
を教えていますが、ここでの学びの副産物として、彼ら・彼女たちは途中で
積極的に進路変更していきます。

　この目的でのティーチング・アーティストの仕事を評価するには、学習者
のモチベーションや、一人ひとりの意見の成長、学習者が専門分野の内外で
築く個人的な関係の強さを、評価することになるでしょう。

6. アーツの統合

（目的）：アート以外の内容を学ぶうえでの触媒となる

（例）：フィンランドの高校での英語の授業を訪ねたときのことです。ある
ティーチング・アーティスト兼サウンド・デザイナーが、アメリカのポッド
キャスト「このアメリカの生活」をもとにした、「このフィンランドの生活」
というポッドキャストのプロジェクトに、生徒たちと取り組んでいました。
生徒たちは、英語を書く、編集、制作のプロセスを通して、各人の英語に磨
きをかけていました。私が訪ねた日は最終段階で、ティーチング・アーティ
ストと生徒たちは、「フィンランドのバーで使える口説き文句ベスト集」を
制作する中で、正確な文法、発音の改善と正しいイディオムの使い方を学ん
でいました。彼らは私に英語で、どれほどインタビュー取材が楽しかったか
を、詳細に話してくれました。

　アーツの統合では、他教科の教材でもってアートを学びますので、どちら
の教科もそれだけで学ぶよりも、学びは前進してより深いものになります。

これは、アメリカのアート教育で行われた最大の実験です。これには危険も伴います。学校教育が重視する「真面目な」科目の手伝い役としてのアーツの科目に、終わってしまうかもしれないからです。アーツの科目は、歴史や科学、数学の退屈なカリキュラムのお飾りのためだけに、利用されたことになりかねません。実際に、そうした例を見たことがあります。私が見たのは「分数のダンス」という授業で、子供はポップな音楽に合わせて、分母と分子の数の関係を示す一連の動作を披露するのです。チャーミングですし、間違いでもありません。ここが重要なのですが、この子どもたちが算数の分数の部分でいい成績を取ったので、学校は「ダンスを取り入れた算数カリキュラム」の成功を、自慢するようになったのです。

　問題なのは、ここでアートの学びが何ひとつ起きていなかったということです。運動を通して算数を学ぶということに関して、これはもちろん何ら問題はありません。でも、これがアーツの統合であると誤解してはいけません。なぜなら、生徒たちはダンスについて何も学ばなかったし、ダンスのアイディアに基づいた発案もなく、終了するとダンスへの興味もなくなっていたからです。アーツは実際に、この学校からは消えました。このまま確実にテストの点数が上がる科目であるのに、ダンスをしたいというだけで、この楽しいダンスと算数の科目に挑戦しようとする人が、はたしているでしょうか？　また私は、逆のアンバランスを見たこともあります。それは、カッコいいアート・プロジェクトに取り組むための口実として、主要教科が使われるというものです。例えば「熱帯雨林ラグ創作プロジェクト」では、教室の壁一面に張られた楽譜に、新しく考案された記譜法で、自然音が複雑ながら生き生きと描かれます。しかしこのやり方では、熱帯雨林がどう機能しているかに、さらに興味を持たせることはできません。

　アーツの統合はバランスが難しいのです。片方に焦点をあわせると、もう片方より優位になってしまうからです。この問題をうまく解決するには、ティーチング・アーティストとそのパートナーとなる教師の双方が、最も大切にしている学びが授業中そしてこのプロジェクトが終わっても、進展していると感じられなくてはなりません。すぐれた例のひとつが、ティーチング・アーティストのエヴァン・プレモがバーモントで実施した、生物学と音

楽の生徒向けのプロジェクトです。ここでは、人体がどのように感染と戦うのかを、生徒たちがいっしょになって周到に、しかも音楽的に理解しようとしました。彼らは3楽章から成る『抗体交響曲』を作曲しました。細胞毒素を持つT細胞が、勇敢な主役のテーマとなります。「さびた釘」と題された、最高潮に達する楽章では、銅鑼の音が釘を刺したことを告げると、「半音トリルでモルト・クレッシェンドをして、アクセントの付いたフォルテシモの八分音符に到達する弦楽器」が、働いているT細胞のテーマを表現します。ネタバレになりますが、最後には人体が勝ちます。

　こうした試みや実験は、アメリカ中に数百もあります。その名前には例えば、「STEMからSTEAMへ（科学・技術・工学・数学が科学・技術・工学・アート・数学となります）、「プロジェクトベースのアート学習」「アートが豊富に注入されたカリキュラム」などがあります。レナード・バーンスタイン財団による「アートフル・ラーニング」[66]を取り入れている学校のネットワークは、多くのチャーター・スクール[67]や「ヤング・オーディエンス」とケネディー・センターのいくつかのプログラムと同様、この目的を深く掘り下げて追及しています。

　この目的はアメリカに留まりません。私は7ケ国の学校で、アーツ統合カリキュラムを導入する手伝いをしました。フィンランドでは、この方法を広く採り入れており、世界で最も学業成績が高くなっています（PISAのランクで、フィンランドは毎年一位から三位に入っています）。

　この目的におけるティーチング・アーティストの仕事を評価しようとすれば、特定のアートと特定の教科領域において育成された、具体的な学びと内在的なモチベーションに関心を寄せる必要があるでしょう。例えば、演劇と歴史のプロジェクトでは、生徒たちがある強烈な場面の台本を書くことで、何を学んだかと同時に、その場面の歴史的背景から、何を学んだのかを評価することになるでしょう。

7. アート作品

（目的）：作品との出会いをより豊かにする

（例）：カーネギーホールの「リンク・アップ」[68]プログラムがある問いを

投げかけました。

「もしある生徒が一回だけオーケストラの生のコンサートに行けるとしたら、その体験の影響力を最大限にするために、私たちにできることはなんでしょうか?」問われたティーチング・アーティストたちは、柔軟なカリキュラムで、一連のアクティビティや事前準備のための演奏を構成しました。これは現在、世界の100以上のオーケストラで使われるようになっています。

この目的の主な目標は、これから出会うアート作品のなかに意味のあるつながりを作る、人々の力をサポートすることです。その人とこの作品という、一対一の重要な瞬間になったとき、聴衆の各人がアート作品の内側に入り込み、自分にとって価値があるものを発見できるでしょうか? 私の考えるアートの体験の、暫定的な定義を覚えているでしょうか。既に知っていることの外に、自分にとって大切なつながりを作ることです。これはいわゆるアウトリーチ[69]で、ほとんどの芸術団体が目指していることです。アートを提供する中で、紹介して、楽しさを呼び起こし、人々をエンゲイジする(参与させる)のです。これがほとんどの芸術機関で実施している「アウトリーチ」[69]の目標です。人々を、提供するアートの中へ導き、ワクワクさせ、エンゲイジさせる(参与させる)のです。

この目的は、1970年代のアメリカの、リンカーン・センターでのティーチング・アーティストリの最初の定義になりました。1980年代はじめにはレーガン政権が芸術教育を減らしたことをきっかけに、ティーチング・アーティストが、学校でますます多く雇われるようになりました。アーツの啓蒙者たちは、この世代の若年層が芸術にまったく触れることなく育つことに、懸念を抱きました(そして懸念は現実になりました)。この目的は、レナード・バーンスタインの「ヤング・ピープルズ・コンサート」の核となるものであり、「ヤング・オーディエンス」(最大で一番長い歴史を持つ、ティーチング・アーティストを雇用するアメリカのネットワーク)の理念や、各地の美術館で実践されている対話型鑑賞の目標でもありました。ティーチング・アーティストはしばしば、参加者にも自分たちと同じ方向のアートを創作してもらうことにより、目標を達成することがありました。ティーンエイジャーの『ハムレット』鑑賞のための事前準備をしているときなどは、各自

が重要だと思っている道徳問題についての独白を作ってもらうことからはじめました。

この目的でのティーチング・アーティストの仕事を評価するには、参加者のアート作品へのエンゲイジメント（参与）の質と、こうした出会いの影響力を見ることになるでしょう。

＊　　＊

これが、世界のティーチング・アーティストの働きが織りなすものです。私がこの枠組みをティーチング・アーティストと共有すると、たいてい、彼らにとってその７つの目的の輪郭が明らかになることに気づくのです。同時に私たちは、ティーチング・アーティストたちが試したことのない目的を試すことが、どのようなものになるのかも考えています。ここから、すべての目的に普遍的である、そして異なる目的や伝統に特有なスキル、実践、考え方についての議論へと至るのです。そしてこれは、終わることのない、かつ魅力的な議論、つまりティーチング・アーティスト養成のベストな方法についての議論にもつながるのです。でもこれは、別の本で扱われる話題です。

あるいは本でなくても良いかもしれません。ITAC では初めてオンライン・コース「ソーシャル・インパクトのためのティーチング・アーティスト」[70]を立ち上げたところです（Kadenze のサイトからアクセスできます）[71]。このコースを受講するティーチング・アーティストは、異なる目的——おそらく、行動主義、アーツ以外の目標、または自己啓発——のためのプロジェクトを準備するのに、役立てることができるかもしれません。コース登録した人は、情熱を傾けられるプロジェクトをコース全体を通して生み出し、カリキュラムのすべての特性を自身のビジョンに応用し、どの目的を追求したのかを明確にし、その効果を事細かく記録に残します。

具体的な目的を越えて

　人生で最高のものに名前をつけることはできません。二番目にいいものは最高のものを指し示しているものです。そして三番目にいいことは、私たちが話をしていることです。

〜ジョセフ・キャンベル

　組織図の矢印が指し示すところに、人生の最高のものがあるわけではありません。ティーチング・アーティストリの基本の原則とからまりあう目的は、有益で、真実であるかもしれませんが、これらは、何千人ものティーチング・アーティストが仕事を愛し、困難さにも関わらず、この仕事に一生を費やしている理由ではありません。ティーチング・アーティストとしての人生の内面性は、専門家としての人生では部分的にしか得られない、持続する豊かさを与えてくれるのです。

＊　　＊

　オスロで開催された ITAC6（第 6 回 ITAC、2022）の最終日は、韓国のティーチング・アーティストによるダンス・アンサンブルではじまりました。韓国の政府機関、韓国芸術文化教育サービス（KACE）＊は ITAC5 のホストを務め、このダンス初演は ITAC5 の後で国内のティーチング・アーティストについての研究プロジェクトを、祝うために行われたものです。研究成果として一番に挙げられたのは、個別のティーチング・アーティストにとって、自分が実践コミュニティの一員だと感じられることが、何よりも励みになるという発見です。韓国のティーチング・アーティストが語る力強い言葉は映像になっていて、ダンサーはまず口だけでその言葉に合わせていますが、その後動きが加わります。その動きといったら、K-POP でさえ生ぬ

るく感じさせるほど、生き生きとしたものでした。このダンスは、ティーチング・アーティストリの内面性を共有するうえで、きわめて独創的でした。28ケ国から集まった諸々の分野のティーチング・アーティスト数百人が、ライブストリームでつながった十以上の国から集まった数百人と共に、このダンスの中に自分自身を見つけることができたのでした。参加者たちは、はじめて具現化された自分のアイデンティティを見ていたのです。

ダンスがクライマックスに差し掛かったと思ったちょうどそのときに、ひとりのティーチング・アーティストがステージから飛び出して、観客の中に入りました。ダンサーたちは座っている観客も誘い、自分たちが示した動きをテーマにして、即興的に一緒に動いてみるように促したのです。やがてダンスの勢いが広がり、開始時にきちんと並べられていた椅子は押しのけられ、全体が有機的なひとつのグループになりました。汗だくで行動したティーチング・アーティストリでした。このダンスの終わりは、ダンサーたちではなく観客でした。観客は終わるタイミングが分かって、歓声でもってそれを知らせたのです。これこそ、自分自身を発見したコミュニティでした。数千年にわたる貢献、数百年にわたる実践、数十年にわたる専門分野としての発展、そして何年もの初期ネットワーク構築の後に、ティーチング・アーティストリはアイデンティティを見出したのです。前にお話ししたように、アイデンティティの語源は「同じ same」です。

私はアーティストとして世界を廻るのが大好きです。絶え間なく考え、計画を練ることを少しやめ、リラックスしてアーティストである自分に戻ると、そうしなければ見えなかったことが、見えたり聴こえたりします。普段なら見過ごしてしまう慣習、小さな驚き、アイロニー、美を感じ、発見するのです。予想もしなかったアイディアが出てきますが、その多くがいつもは雑感になりがちなのですが、これは覚えておきたいと思えることがあったりします。日常経験のこうした質が、アーティストとしての人生の秘策のひとつとなります。内緒にしておいてくださいね。芸術家気取りの戯言のように聴こえるからです。あなたがもしこのようなことを経験したことがなければ、そのように聴こえるでしょうね。

私はティーチング・アーティストとして世界を廻るのはもっと好きです。ティーチング・アーティストがアーティストであることの延長線にあるからだけでなく、アーティストが得られるものに加え、もっと多くを得られるからです。私のティーチング・アーティスト魂が、他の人々とその人々が作るものに、その人たちが知っているのか知らないままなのかに関わらず、層になった相互のつながりを追加するのです。私は人々の中にある創造の潜在力を感じ、水面下にあるその力が確かに存在していることを、知っています。例えば、明らかに自分の仕事が最悪だと思っている銀行の窓口係の人が、受け取り票を私に手渡す際に、彼女の芸術的なネイルを楽しげに踊らせている様子でそれがわかるのです。繰り返したり、自慢したりしているだけでなく、真の意味で語り出す人たちのストーリーの中に、創造の潜在力が現われることもあります。そこには、アーティストリの活動が見て取れます。先週私の妻が即興的に作ってくれた野菜パイのようなものにも、創造力が働いています。世界のあちこちで、表面下に潜む創造の潜在力が、おずおずと活躍の場を夢見ながら、手を伸ばそうとしていることを、想像してみてください。それは確かに生きもので、思い込みや意見、判断、必要性といった目に見えない管理体制から自由になりたくて仕方ないのです。これが、社会的想像力という、私たちがラディカルにつながり、溢れるばかりの可能性を持つ考え方の基盤になります（「ラディカル radical」という言葉は、「根っこでつながった connected at the roots」と同じ語源を持ちます）。これは、自己陶酔ではありません。はるかに楽しく、役に立ちます。ティーチング・アーティストリは、私自身にも、私が知り合う人たちにも同様に役立ちます。第6の基本原則を思い出して、毎日の生き方に採り入れてほしいのです。文字通りの答え、「ありきたりの」答え、正しい答え、標準的な解決、よくある意見や判断に留まらないで、世界を別の方法で見られるようになってほしいのです。これこそ、新しい世界を生み出す方法なのです。

＊　　　＊

　役どころにピッタリな名前を持つバックという男は、口数が少なく、力持

117

ちでした。彼はディーゼル・トラックと除雪車を上手に使います。私が田舎に越して初めての冬は、数年ぶりの降雪量だったので非常に助かりました。ある日の雪は特にバックをてこずらせ、すでに高く積み上がっていた雪の壁を押し除けてからでないと、その日に降った20センチ以上の雪をかきはじめることができない状態でした。わが家の入り口へ通じる道には変なカーブがあり、おまけに大きな木が数本あるので、後ろ向きに道へ出ようとすると、誰もがたいへんな思いをします。私は心配になって、雪の静けさの中で除雪車のシャベルが動くのを、「バック、木に気をつけてくれよ」と思いながら家の中から覗いていました。バックは木の数センチ手前でシャベルを操り、決して木にふれずに仕事をすませたのです。普段なら10分で終わる仕事が、この日は1時間近くかかりました。

　雪かきが終わるとバックは、入り口の近くに除雪車を停めて、休んでいました。まだその後も雪かきは残っていましたが、この場所が彼のお気に入りの様子でした。きっと、今やったことを思い出しながら、時間をかけて雪が片付いた美しさを、味わっていたのでしょう。私は、夢想に耽る彼のところに、話しに行きました。時刻はすでに夜中の12時を回っていました。彼は車の窓を開けて、話ができるようにしてくれましたが、視線は前を向いたままでした。「バック、全部見させてもらったよ。本当にすごかった。君はすばらしい仕事をしてくれたね。」数秒のあいだ、彼は振り向きもせずにいましたが、とうとう納得したように、ただこう言いました。「これはアートの仕事だね。」その言葉がすべてを表わしたのです。

＊　　　＊

謝　辞

　私のフリーランスのティーチング・アーティストとしての何十年にもわたる活動を可能にしてくださったことを感謝すべき方々は、非常におおぜいいらっしゃいます。多くのプロジェクト、多くの立派な方々、刺激を与えてくれる多くの同僚たち。ひょっとして私のことだと思われる方がおられれば、まさにそうなのです。短い本へのお礼ですので、一覧はごく短くしておきます。

　直接手伝ってくださった方に感謝します。とりわけ妻であるトゥリシア・ターンストールに感謝します。彼女はとてもいいことに、偉大なティーチング・アーティストであり、私よりもすぐれた作家であり、優秀な編集者でもあります。そのうえ限りなく寛大です。そして私の姉妹エイミー・ミラーにも感謝します。彼女はエレガントな文章を書き、じっくり読み込んでくれて、出来上がった原稿について、すばらしいフィードバックをしてくれました。そしてまた、有能な同僚たちにも感謝します。編集者のパトリック・スカフィディやデザイナーのティルマン・リートゥレの専門的能力によって、この本は完成されました。そしてこの本を世に送り出してくれた、ブリアン・ホーナーとポール・ギャンブルにも感謝します。

　私に刺激を与え勇気づけてくれる近しい同僚には、いつも感謝しています。ITAC のチーム（特にマネージメント・ディレクターで Universal Hero のマドレーヌ・マクガークと議長のヨンラン・リュー）とコミュニティ・アーツ・ネットワークの仲間（アニス・バーナット、サマー・バンダク、クリスティーナ・デシニオティ、ワーナー・ビネンステイン - バクステイン）です。そして「レナード・バーンスタイン基金」と「ファーテル基金」には、この本を多くの読者の方々に届けるために支援してくださったことを感謝します。

エリック・ブース

著者について

　44 年間にわたってティーチング・アーティストとして活動し、世界で最も有名な機関（例えば、リンカーン・センター、カーネギーホール、ケネディー・センター、ジュリアード音楽院、アメリカの 10 のオーケストラのうち 7 つのオーケストラ、16 の外国の機関など）や何百もの草の根活動に協力した。エリック・ブースは「職業としてのティーチング・アーティストの父」と呼ばれている。

　彼はブロードウェイ俳優、成功したアントレプルヌール、基調講演者、グローバル・コンサルタント＆ティーチャー、7 冊の著書の作者であり、コミュニティと学校で活動するアーティストの最初のグローバル・ネットワークである、ITAC の共同設立者でもある。

　彼はニューヨークの北にあるハドソン・リヴァー・ヴァリーに住んでいて、世界中のプログラムに積極的に参加している。とりわけ、アメリカ・バーモント州のコミュニティ・エンゲイジメント・ラボ、アカデミー・フォー・インパクト・スルー・ミュージック、グローバル・リーダー・インスティテュートなどに力を入れている。彼のウェブサイトは ericbooth.net である。

ITAC について

　ITAC（International Teaching Artist Collaborative）は、コミュニティと学校で活動するアーティストの最初のグローバル・ネットワークである。2012年に（エリック・ブースとノルウェーのセイアンス〔SEANSE〕のマリット・ウルヴントによって）設立され、第 1 回の ITAC をオスロで開催。その後、このカンファレンスは隔年で会議を開催し、ブリスベン、エディンバラ、ニューヨーク（カーネギーホール）、ソウル（新型コロナウイルス感染症拡大のためオンラインで実施）で実施され、2024 年はニュージーランドで開催される。2018 年から常設の機関（International Teaching Artist

Collaborative）となり、何千人ものメンバーと数十のプロジェクトをつなぎ、（南極大陸を除く、しかし今後は望みうる！）すべての大陸でプロジェクトを委嘱している。ティーチング・アーティストのワーキング・グループでは、この領域の新しいリソースを開発しており、気候変動グループは気候変動の危機をターゲットにしたティーチング・アーティストリの先駆けとなって積極的に活動している。ITAC への参加は自由である。

https://www.itac-collaborative.com/get-involved/donate

注

1 https://www.artolution.org

2 https://dreamorchestra.se

3 https://www.platocultural.com

4 https://www.itac-collaborative.com

5 https://sdgs.un.org/goals

6 https://www.innerdevelopmentgoals.org

7 Walter Benjamin, The Work of Art in the Age of Mechanical Reproduction
（London: Penguin, 2008）.（邦訳：ヴァルター・ベンヤミン 『複製技術時
代の芸術』（川村二郎・高木久雄・高原宏平・野村修訳）、晶文社「著作
集2」、1970年。新版・晶文社クラシックス、1999年）

8 https://www.wallacefoundation.org/knowledge-center/pages/gifts-of-the-
muse.aspx

9 https://www.thersa.org/reports/arts-cultural-schools

10 https://turnaroundarts.kennedy-center.org

11 https://www.leonardbernstein.com/artful-learning

12 https://www.shakespeare.org/education/shakespeare-in-the-courts

13 http://www.sistemawhangarei.org.nz

14 https://dreamorchestra.se

15 https://elsistema.gr

16 https://www.soundsofchange.org

17 https://teachingartists.com

18 https://www.artworksalliance.org.uk

19 https://www.aimpowers.com

20 『民主主義活性化運動（Animating Democracy）』は「芸術を愛するアメ
リカ人（Americans for the Arts）」のプログラムのひとつ。そこが発信
している提言には、これらの他にも、ＴＡが関わるコミュニティ・
アート・プロジェクトにおける8つのエクセレンスを明記している。
https://www.animatingdemocracy.org/aesthetic-perspectives

21 これはティーチング・アーティストであるデイヴィッド・ウォレスが

ジュリアード音楽院のモーリス・フェローシッププログラムの研修期間中に実際に使った質問である。

22　https://www.carnegiehall.org/Education/Programs/Lullaby-Project

23　https://soundcloud.com/carnegiehalllullaby

24　https://www.ariveroflightinwaterbury.org

25　https://ariveroflight.org/about

26　https://www.epictheatreensemble.org/learn/shakespeare-remix

27　https://en.dahteatarcentar.com/performances/dancing-trees. あるいは https://www.itac-collaborative.com/projects/teaching-artistry-for-social-impact-casestudies

28　https://www.communityengagementlab.org

29　https://www.musicianswithoutborders.org

30　https://usdac.us/artisticresponse

31　https://usdac.us

32　https://artistyear.org

33　https://cfpeace.org/about

訳注：「平和部隊」は、アメリカ合衆国連邦政府に支援された民間組織。ボランティアスタッフを開発途上国へと派遣し、現地の支援を行うことを目的とする。日本の青年海外協力隊の米国版である。

34　https://www.norc.org/Research/Projects/Pages/Teaching-Artists-Research-Project-TARP.aspx

35　https://www.artworksalliance.org.uk/knowledge-bank 108

36　https://www.itac-collaborative.com/projects/teaching-artistry-for-social-impact

37　https://elsistema.org.ve

38　https://vtshome.org/

39　https://www.artspractica.com/about

40　http://ericbooth.net/reflecting-on-reflection

41　https://www.amazon.com/Engaging-Concert-Audience-Interactive-Performance/dp/0876391919

42 https://www.kadenze.com/courses/climate-case-studies/sessions/unmaskingclimate-injustices-i n-the-philippines

43 http://ericbooth.net/857-2

44 https://eden.joycedidonato.com

45 https://www.itac-collaborative.com/projects/eden-engagement

46 https://www.brassforafrica.org

47 https://www.innerdevelopmentgoals.org

48 https://www.makeabignoise.org.uk/sistema-scotland

49 https://www.makeabignoise.org.uk/research, 特にこちらの研究https://www.makeabignoise.org.uk/research/glasgow-centre-population-health

50 https://spaces.villagearts.org

51 https://appalshop.org/story

52 https://cornerstonetheater.org

53 https://www.muralarts.org

54 https://hobt.org

55 https://streetwiseopera.org

56 https://www.colourinfaith.com

57 https://www.bighart.org/

58 https://craftivist-collective.com

59 https://playbacknorthamerica.com/about/playback-2

60 The PAIR Program/Public Artists in Residence; https://www.nyc.gov/site/dcla/publicart/pair.page

61 https://clownswithoutborders.org

62 https://nasaa-arts.org/nasaa_research/arts-in-transportation-strategy-sampler

63 https://ensemblenews.org

64 https://saysi.org

65 https://marwen.org

66 https://www.leonardbernstein.com/artful-learning/schools

67 豊富な授業科目を備えた、地域の成績優秀な公立校のひとつでもあるルネサンス・アーツ・アカデミー（ロサンゼルス）の実践例について

もぜひご覧ください。https://www.renarts.org

68　https://www.carnegiehall.org/Education/Programs/Link-Up

69　アウトリーチという言葉は、リーチしようとする先の文化資本への敬意がないということから使われなくなっている。現在ではコミュニティ・リレーション、またはエンゲイジメント（参与）という用語が使われることが多い。

70　https://www.itac-collaborative.com/projects/teaching-artistry-for-social-impact

71　https://www.kadenze.com/courses/teaching-artistry-for-social-impact/info

72　Korea Arts Culture Education Service: http://eng.arte.or.kr

73　Norway's Seanse Art Center: https://seanse.no/en

ティーチング・アーティストリに関するその他の文献

・The Everyday Work of Art, Eric Booth, 1997
・The Music Teaching Artists Bible, Eric Booth, 2009
・Aesthetics of Generosity: El Sistema, Music Education, and Social Change, Jose Luis Hernandez Estrada, 2012
・The Reflexive Teaching Artist, Daniel A. Kelln II and Kathryn Dawson, 2014
・Teaching Artist's Handbook Volume One: Tools, Techniques, and Ideas to Help Any Artist Teach, Nick Jaffe, Becca Barniskas, and Barbara Hackett, 2015
・A Teaching Artists Companion, Daniel Levy, 2019

監修・訳者のあとがき

　本書は 2023 年に出版されたエリック・ブース氏の "Making Change: Teaching Artists and Their Role in Shaping a Better World" の全訳です。原書の出版から邦訳の出版までの期間が短いのには、理由があります。すでに本書を一読された方はおわかりと思いますが、本書はティーチング・アーティストの概説書ではなく、世界中の人々に対する緊急提言です。ティーチング・アーティストの存在やその社会的有用性が理解されていない社会、しかも芸術関連の仕事に携わっている人たちの認知が滞っている現状を打破するための呼びかけ（アドボカシー）なのです。とりわけ、コロナウイルス・パンデミック（COVID-19）の期間に世界中のティーチング・アーティストが活動を制限されるという危機的な状況から、未だに回復してない現状に対する危機感の現れでもあるのです。

　またブース氏の名著 "The Music Teaching Artist's Bible: Becoming a Virtuoso Educator"（2009, 邦訳は『ティーチング・アーティスト：音楽の世界に導く職業』、水曜社、2016、2020 年）以来、訳者である大島路子氏と大類朋美氏の両氏が、その後もブース氏とも親交を深めておられることも、原書の出版後からあまり期間をおかずに、翻訳することができたことの背景のひとつになっています。

　もうひとつ、読者の方々にお伝えしておきたいこがあります。ブース氏は原書の出版に際してご自分で出版社を設立され、関連する収入はすべて ITAC に寄附されるそうです。日本でも多くの人たちが原書を購入してくださることで、ITAC の支援につながることを、ぜひ知っておいてもらいたいと思います。

　ティーチング・アーティストが職業として確立されるまでの歴史的な経緯については、本書の「ティーチング・アーティストリの歴史」（p.37 〜 40）

で紹介されています。そこには次のように書かれています。「職業としての
ティーチング・アーティストリがアメリカで支援を得られるようになったの
は、1980年代でしたが、それは辛く厳しい理由からでした。アートの教育
のための連邦予算がカットされて、何千人ものアートの教師が失業したので
す。ある世代だけがアーツを知らずに大きくならないように、その埋め合わ
せをしようと、アート関連の組織はティーチング・アーティストを雇用し
て、学校に派遣したのです」1980年代といえば、冷戦真っただ中、レーガ
ン政権の時期にあたります。

　そして前述した『ティーチング・アーティスト：音楽の世界に導く職業』
が出版された2009年の前年には、「世界金融危機」（日本では「リーマン・
ショック」と呼ばれています）が発生し、世界経済が大混乱した時期でもあ
りました。さらにこの本の原書が出版されたのは、コロナウイルス・パンデ
ミック（COCID-19）がまだ完全に終息していない時期でした。

　このようにティーチング・アーティストは、政治、社会、経済そして音楽
教育の大きな変動や危機的状況と軌を一にするかのように、成長してきたわ
けなのです。これは偶然の出来事でしょうか。決してそうではないと思いま
す。それはただ単に予算が削減されたり、仕事の依頼が減少したりといった
状況によるものではないでしょう。おそらく、こうした変動や危機的状況が
人間の精神にもたらす、強力でしかもデリケートな影響力によるものと考え
られます。その影響力の負の効果を減少させるのが、芸術の力であり、その
プロセスをサポートするのが、ティーチング・アーティストだからです。

　2024年の今、世界のさまざまな国や地域で、戦争や紛争が起きています。
とりわけ注目されるのが、2022年2月24日にロシアが隣国ウクライナに軍
事侵攻したことで勃発した「ロシアとウクラナイの戦争」と、2023年10月
7日にガザを拠点にするパレスチナの軍事組織ハマースが、イスラエルのレ
イムで開催されていた音楽祭を襲撃した事件——レイム音楽祭虐殺事件——
を機に、イスラエルがガザ地区に軍事侵攻している「イスラエルとガザの戦
争」です。ふたつの戦争の原因や背景は、民族や国家の長い歴史、つまり、
民族、宗教、文化の相違に根差しています。これらの相違がもともとはひと

つの起源に発するものだけに、対立を解消することは難しいと言えるかもしれません。

　私がこの文章を書くにあたって思い出したのが、映画『クレッシェンド　音楽の架け橋』です。2019年にドイツで制作された映画で、監督のザハフィ（1959-　）はイスラエル出身のユダヤ人です。日本では2022年1月に全国公開されました（DVDやインターネットで今でも鑑賞できます）。映画では、指揮者スポルクが対立するイスラエルとパレスチナの若者を集めて、オーケストラを結成して、コンサートに向けて準備します。最初は若者たちも対立しあうのですが、音楽を通してひとつになっていきます。もっともコンサートそのものは、和平を阻む人に団員一人が殺害されて、実現しないのですが。

　この映画は実話にもとづいています。指揮者のバレンボイム（1942-　）と文学者のサイード（1935-2003）が1999年に、イスラエルとアラブ諸国の若者を集めて結成した「ウェスト＝イースタン・ディバン・オーケストラ」がモデルです。バレンボイムはロシア系ユダヤ人、サイードはパレスチナ系アメリカ人です。このオーケストラは2016年には「文化理解のための国連グルーバル・アドボケイト」に指定され、現在も活動を続けています。「ウェスト＝イースタン・ディバン West-Eastern Divan」とは、文豪ゲーテ（1749-1832）の詩集の題名『西東詩集』（1819年）のことです。ゲーテは東洋への憧れの中に、文明に汚されていない自然としての人間を描きました。ちなみに、ディバンはペルシャ語で詩集を意味します。

　映画『クレッシェンド』の主人公のひとり、オーケストラの代表となる女性ヴァイオリニストのレイラ（パレスチナ人）が、これからオーディションに行こうというときに、父親からイスラエルに入国する際の検問所で、楽器ケースの中に武器が入っていると疑われるから、気を付けるように注意されます。このときレイラはケースの中のヴァイオリンを父親に見せて、こう言うのです。「これは武器です」私にとって印象に残った一言でした。（このパラグラフの文章は筆者が監修・執筆した『ドラえもん社会ワールド——音楽をはじめよう〜歌、楽器、音楽が楽しくなる』〔小学館　2024年〕より一部、修正・転載しました）

映画に登場した若い音楽家たち、現実には「ウェスト＝イースタン・ディバン・オーケストラ」のメンバーたちが、自分たちがティーチング・アーティストであると自覚しているわけではないかもしれません。しかし音楽でもって、人々の心を変え、社会を変え、世界を変えようとする信念は共有していたでしょう。

　私たち日本人がどれだけ「メイキング・チェンジ」に貢献できるかはわかりませんが、音楽の力を信じて、また音楽に「耳をすまして」くれる人たちの音楽の力を信じたいと思います。

　翻訳に際しては、「ティーチング・アーティストリの歴史」までの部分を久保田が、「どういう人が、どのような理由でティーチング・アーティストになるのでしょうか？」から「大きな投資をどう使いますか」までを大類朋美氏が、第2部「ティーチング・アーティストの手法と指針」を大島路子氏が、担当しました。最終的に久保田が全体を総括しましたので、本書の文責は久保田が負っています。

　本書は「緊急提言」ではあるのですが、そこでのブース氏の文章は事務的なものではありません。おそらく彼自身が元はシェイクスピア俳優であることの反映だと思いますが、彼の文章は格調高く、言葉の語源に言及して、考察を深めるというスタイルです。よって日本語訳に際しては、逐語訳や直訳にならないよう配慮しつつ、原書の文章構造や言葉回しを邦訳でも表現できるように努力したつもりです。多少読みづらい箇所もあるかもしれませんが、ご容赦いただければ幸いです。

　最後に本書の出版を快諾していただいた、株式会社スタイルノート社長、池田茂樹氏に、感謝いたします。ありがとうございました。

2024 年 6 月
東京　清瀬にて

索 引

監修・訳者について
久保田慶一

　専門分野は音楽史研究だが、音楽家のキャリア形成に関する研究も行っている。著書に『音楽とキャリア』（2008年）、『新・音楽とキャリア』（2019年）、『モーツァルト家のキャリア教育』（2014年）、共訳書に『ティーチング・アーティスト：音楽の世界に導く職業』（2016年）などがある。現在、東京経済大学客員教授。

訳者について
大島　路子

　ヴィオリスト。桐朋学園大学非常勤講師（英語およびキャリア教育）。同大学キャリア支援センタースタッフとして2014年より音大生のキャリアに関する企画や授業に携わっている。カントゥス・クァルテット等との室内アンサンブルの他、リトルクラッシック in Kawasaki のメンバーとして音楽を通した社会貢献活動の実践と研究を続けている。桐朋学園大学卒業。イーストマン音楽院にてパフォーマーズ・サーティフィケイト取得後、ニューヨークのカサット弦楽四重奏団のヴィオラ奏者として14年間活動した。

大類　朋美

　地域社会のいろいろな人と音楽を通したつながりを目指して、ティーチング・アーティストとして活動するピアニスト。小学校、美術館、児童養護施設、高齢者施設等で音楽劇や映像、即興演奏などを取り入れた様々な形態の音楽活動を展開中。

　3才からピアノをはじめ、7才のときから延べ16年間、アメリカ東海岸に在住。ジュリアード音楽院卒業。イェール大学音楽学部修士課程修了。マンハッタン音楽院にて博士号取得。演奏活動の傍ら、国立音楽大学、洗足学園音楽大学にて教鞭をとり、未来のティーチング・アーティストの教育にも力を注いでいる。リトルクラシック in Kawasaki 主宰。

音楽で世界を変える
――よりよい世界をかたちづくるティーチング・アーティストとその役割

発行日　2024 年 7 月 29 日　第 1 刷発行

著　者　エリック・ブース
監修・訳　久保田慶一
訳　者　大島路子・大類朋美

発行人　池田茂樹
発行所　株式会社スタイルノート
　　　　〒 185-0021
　　　　東京都国分寺市南町 2-17-9-5F
　　　　電話 042-329-9288
　　　　E-Mail books@stylenote.co.jp
　　　　URL https://www.stylenote.co.jp/

装　丁　Malpu Design
印　刷　シナノ印刷株式会社
製　本　シナノ印刷株式会社